互联网背景下
文化产业创新发展研究

刘永超 著

中国商业出版社

图书在版编目(CIP)数据

互联网背景下文化产业创新发展研究 / 刘永超著.
北京 ：中国商业出版社，2024. 8. -- ISBN 978-7-5208-3059-1

Ⅰ. G124-39

中国国家版本馆 CIP 数据核字第 2024MY3699 号

责任编辑:管明林

中国商业出版社出版发行

（www.zgsycb.com　100053　北京广安门内报国寺 1 号）

总编室:010－63180647　编辑室:010－83114579

发行部:010－83120835/8286

新华书店经销

天津和萱印刷有限公司印刷

*

787 毫米×1092 毫米　16 开　9.25 印张　153 千字

2024 年 8 月第 1 版　2024 年 8 月第 1 次印刷

定价:45.00 元

* * * *

（如有印装质量问题可更换）

前　言

在当今互联网高速发展的时代背景下，文化产业正面临着前所未有的机遇与挑战。互联网技术的迅猛进步，不仅改变了传统信息的传播方式，还为文化产业的创新发展提供了新的思路。通过互联网平台，文化产品能够更广泛地传播，同时还为创作者与消费者之间搭建起更加紧密的桥梁。然而，如何在激烈的市场竞争中脱颖而出，实现文化产业的持续创新与发展，成为摆在我们面前的重要课题。

本书以互联网与文化产业概述为切入点，论述了文化产业创新的理论基础、文化产业创新的市场需求分析、互联网背景下文化产业的商业模式创新，并对互联网背景下文化产业的发展策略进行深入探讨。希望通过本书的介绍，能够为读者在互联网背景下文化产业创新发展方面提供帮助。

本书在撰写过程中参阅了大量同领域的专著及文献，在此向这些作品的作者表示衷心感谢。由于时间仓促，书中难免存在疏漏和不足，恳请读者批评指正。

刘永超

2024 年 6 月

目　录

第一章　互联网与文化产业概述 …… 1

第一节　互联网的发展与特点 …… 1

第二节　文化产业的定义与分类 …… 8

第三节　互联网对文化产业的影响 …… 18

第二章　文化产业创新的理论基础 …… 29

第一节　文化产业创新的必要性 …… 29

第二节　文化产业创新的驱动因素 …… 35

第三节　文化产业创新的过程模型 …… 46

第三章　文化产业创新的市场需求分析 …… 59

第一节　消费者需求分析与行为特征 …… 59

第二节　市场需求对文化产业创新的影响 …… 67

第三节　文化产业创新的市场定位与策略 …… 76

第四章　互联网背景下文化产业的商业模式创新 …… 88

第一节　线上线下融合的商业模式 …… 88

第二节　基于大数据技术的商业模式 …… 96

第三节　基于云计算技术的商业模式 …… 105

第五章　互联网背景下文化产业的发展策略 …… 116

第一节　文化产业的数字化转型 …… 116

第二节　文化产业的新业态发展 …… 124

第三节　文化产业的互联网营销与品牌建设 …… 132

参考文献 …… 141

第一章　互联网与文化产业概述

第一节　互联网的发展与特点

一、互联网的兴起与发展

（一）初始阶段

互联网的发展历程可以追溯到20世纪60年代美国国防部高级研究计划局（ARPA）的阿帕网（ARPANET）。这一实验性网络最初只连接了加州大学洛杉矶分校、斯坦福研究所、加州大学圣芭芭拉分校和犹他大学四个节点，旨在探索分组交换技术在计算机通信中的应用。随着技术的不断进步，阿帕网逐步扩大了连接范围，纳入了更多的研究机构和大学。这一阶段的互联网还主要局限在科研领域，服务于计算机专业人士之间的学术交流。

20世纪80年代，美国国家科学基金会（NSF）在阿帕网的基础上建立了NSFNET，将全美主要的大学和研究机构连接起来，极大地促进了互联网的普及和应用。与此同时，欧洲核子研究中心（CERN）的科学家蒂姆·伯纳斯·李发明了万维网（World Wide Web）技术，为互联网的大规模商业化应用奠定了基础。万维网通过超文本传输协议（HTTP）和统一资源定位符（URL）将互联网上分散的信息资源有机地串联起来，使得普通用户能够便捷地访问和共享信息。

进入20世纪90年代，互联网迎来了爆发式增长。1993年，美国国家科学基金会宣布开放NSFNET骨干网，允许商业流量接入，标志着互联网正式进入商业化阶段。随后，网景公司推出了界面友好的网络浏览器，极大地降低了互联网的使用门槛，吸引了大量普通用户。各种网络服务如雨后春笋般涌现，电子邮件、网上论坛、搜索引擎等应用快速普及，互联网开始渗透到社会生活的方方面面。

21世纪初，宽带接入技术的发展和移动互联网的兴起，进一步推动了互联网的大规模普及。高速的网络连接使得视频、音乐等大型多媒体文件的传输成为可能，极大地丰富了互联网的内容形式。以智能手机为代表的移动终端打破了互联网使用的时空限制，用户可以随时随地接入网络，获取信息、处理事务。互联网逐渐演变为一个覆盖全球的信息基础设施，深刻改变了人们的生产生活方式。

从阿帕网到互联网的全球普及，这一发展历程凝聚了几代科学家和工程师的智慧结晶，也得益于政府、企业、社会各界的共同推动。在这一过程中，互联网不断突破技术瓶颈，革新应用模式，加速了信息的传播和交互，重塑了人类社会的运行图景。

（二）高速增长期

20 世纪 90 年代以来，互联网技术的迅猛发展掀起了信息革命的巨大浪潮。与之相伴而生的是互联网普及率的高速增长，这使得互联网从一个专业的技术领域走向了社会生活的各个方面。互联网普及率的提高，一方面得益于互联网基础设施的不断完善和网络接入方式的日益多样化，另一方面也与互联网应用的不断深化和创新密不可分。

在互联网基础设施建设方面，光纤通信技术的广泛应用极大地提升了网络传输速率和带宽容量。高速宽带网络的铺设，使得大容量数据的实时传输成为可能，为互联网应用的发展奠定了坚实基础。与此同时，无线通信技术的进步也为互联网接入提供了更加灵活、便捷的选择。Wi-Fi、3G、4G、5G 等无线网络技术的相继问世，使得用户可以随时随地接入互联网，享受丰富的网络服务。

在互联网应用创新方面，门户网站、搜索引擎、即时通信等互联网应用的出现，极大地方便了信息的获取和交流。尤其是搜索引擎技术的发展，使得海量信息资源的检索和利用成为现实，成为普通用户掌握和运用网络知识的重要工具。社交网络、网络视频、网络游戏等应用的兴起，则从社交、娱乐等方面满足了用户多样化的需求，进一步推动了互联网向生活领域的渗透。

互联网普及率的提高也促进了电子商务的蓬勃发展。网上购物、网上支付、网上银行等电子商务模式的出现，改变了人们的消费观念和消费行为，带来了商业模式的重大变革。依托互联网平台，中小企业获得了与大企业同台竞争的机会，个人创业也拥有了广阔的发展空间。电子商务在拉动内需、促进就业、推动产业升级等方面发挥了重要作用。

互联网在教育、医疗、政务等领域的应用也日益深入。网络教育打破了时空限制，使优质教育资源惠及更广泛的群体；远程医疗为边远地区患者提供了及时、便捷的医疗服务；电子政务则提高了政府工作的透明度和效率，方便了群众办事。互联网正以前所未有的速度和广度改变着人们的工作和生活方式。

二、互联网的主要功能

（一）信息交换平台

互联网作为一个信息交换平台，极大地推动了知识的快速流通。在互联网时代，知识的传播和分享变得前所未有的便捷和高效。人们可以通过搜索引擎、在线百科、学术数据库等多种途径，迅速获取海量的信息资源。同时，互联网还为人们提供了多样化的知识分享渠道，如博客、论坛、社交媒体等，使得个人的见解、经验能够被更多人了解和借鉴。

互联网打破了知识传播的时间和空间限制，实现了知识的全球化流动。以往，知识的传播往往受到地域、语言等因素的制约，但互联网的出现彻底改变了这一状况。现在，一个国家的最新科研成果可以在瞬间被全世界的研究者知悉；一个人的创新思想也能够跨越国界，影响更多的人。这种知识的自由流动极大地促进了人类文明的进步，加速了科学技术的发展。

互联网还促进了知识的交叉融合和协同创新。在网络空间中，不同领域的专家学者可以便捷地开展交流和合作，共同探讨前沿问题，碰撞出新的火花。通过跨学科的知识整合，许多重大科学问题得以突破，一些颠覆性的创新成果不断涌现。可以说，互联网为知识创新提供了一个广阔的平台，极大地释放了社会创新活力。

互联网还在知识的普及和终身学习方面发挥着重要作用。过去，人们接受教育的机会相对有限，许多人难以接触到高质量的教育资源。而现在，互联网上有大量免费的公开课程，名校大师的讲座唾手可得。通过网络学习，人们可以根据自己的需求和节奏，不断更新知识、提升技能。这种泛在的学习方式，为构建学习型社会提供了重要支撑。

（二）商业与交易工具

互联网的兴起和发展深刻地改变了传统商业模式，催生了电子商务、网络营销、共享经济等新型商业形态。在互联网时代，商业活动突破了时空限制，实现了全球化、实时化、个性化发展。网络平台成为企业开展商业活动的重要阵地，大数据、云计算等新技术也为企业决策提供了有力支撑。

从电子商务的迅猛发展可以看出互联网对商业模式的颠覆性影响。电商平台打破了传统商业的地域界限，使得商品和服务能够触达更广泛的消费者。以阿里巴巴为例，其搭建的网络交易平台不仅连接了海量的中小企业和消费者，还提供了支付、物流、金融等配套服务，形成了完整的电商生态系统。这种“平台＋生态”的模式极大地提升了商业活动的效率和便捷性，重塑了供应链体系和消费习惯。

互联网还催生了网络营销的兴起，使得企业能够更精准、高效地开展营销活动。借助搜索引擎、社交媒体、网络广告等渠道，企业可以实现精准定位和个性化推荐，提升营销效果。大数据技术的应用更是让企业能够深入洞察用户行为和偏好，优化营销策略。网络口碑和社交传播也成为影响消费决策的重要因素。许多企业通过内容营销、网红直播等方式，增强与消费者的互动和黏性，塑造品牌形象。

共享经济的崛起则反映了互联网思维对资源配置方式的变革。以Uber、Airbnb为代表的共享平台，利用互联网实现了闲置资源的高效利用和按需分配。这种基于“使用权”而非“所有权”的消费模式，不仅提高了资源使用效率，也为个人创收提供了机会。共享单车、共享充电宝等新业态的出现，更是将共享经济延伸到各个领域，重塑了人们的出行和消费习惯。这种“互联网＋资源共享”的模式正在成为经济发展的新引擎。

互联网对商业模式的影响还体现在组织形态和管理方式的变革上。扁平化、柔性化的组织结构更适应互联网时代的快速迭代和创新需求。众包、外包等用工模式的兴起，打破了传统的雇佣关系和时空限制。远程办公、移动办公等方式也为员工创造了更灵活自由的工作环境。大数据驱动的管理决策、敏捷开发的项目管理等新理念和方法，也在不断优化企业运营和产品创新。可以预见，互联网思维还将进一步融入企业管理的方方面面。

互联网不仅改变了商业运作的方式，也对整个商业生态和市场环境产生了深远影响。电商、移动支付的普及带动了消费升级和产业转型，网络社交平台成为连接消费者和企业的重要渠道，技术创新和模式创新不断涌现。这些变化既为传统企业带来了挑战，也孕育了无限商机。唯有顺应互联网发展大势，积极拥抱变革，企业才能在激烈的市场竞争中立于不败之地。

三、互联网的信息传播特点

（一）实时性

互联网信息实时更新与共享的特点，使得知识的传播和获取变得更加便捷高效。在互联网时代，海量的信息资源不断汇聚，呈现爆发式增长的态势。这些信息覆盖了社会生活的方方面面，涵盖了政治、经济、文化、科技等各个领域。通过互联网平台，这些信息可以在瞬间传递到全球各地，为人们了解世界、把握时事提供了重要渠道。与传统的信息传播方式相比，互联网信息传播具有明显优势。它突破了时间和空间的限制，使得信息的更新和共享成为实时、动态的过程。各种新闻事件、热点话题可以在第一时间通过网络发布，引发广泛关注和讨论。同时，互联网也为普通民众参与信息生产和传播提供了便利。人们可以通过博客、微博、社交媒体等平台，随时分享自己的见闻感悟、知识心得，实现信息的众筹与集成。

互联网信息实时更新与共享，深刻影响着人们的生活方式和社会运行模式。它使得个人获取知识的途径更加多元，学习的方式更加灵活。通过网络，人们可以随时随地访问各种在线课程、电子书籍、学术论文等学习资源，根据自己的需求安排学习进度和内容。这种泛在的学习环境，有利于推动终身学习理念的普及，促进学习型社会的建设。同时，互联网信息共享也为跨地域、跨领域的协作提供了便利。不同国家、不同行业的专业人士可以通过网络进行远程沟通与合作，共同推进科研项目、创新成果的产生。这种协作模式不仅提高了工作效率，也促进了全球化背景下的资源整合与优化配置。

互联网信息实时更新与共享是把“双刃剑”。它为人类知识的传承和发展提供了广阔平台，促进了社会进步和文明演进。但同时，它也对信息管理和舆论引导提出了新的挑战。只有正确认识和应对这些挑战，发挥互联网优势，规避其风险，才能更好地服务经济社会发展，营造清朗有序的网络空间。这需要政府、企业、社会各界共同努力，在创新发展中实现互联网信息传播的规范有序，确保网络信息生态的健康运行。

（二）普遍性

互联网打破了地域限制，实现了全球范围内的信息共享和交流。在互联网时代，无论身处何方，人们都能够通过网络接入海量信息资源，与世界各地的用户实时互动。这种普遍性和广泛性，极大地改变了人类的生活方式和交流模式。

从知识获取的角度来看，互联网为用户提供了便捷、高效的学习途径。过去，人们获取知识主要依赖书本、报刊等传统媒介，受到时空的限制。而在互联网时代，只需轻点鼠标，便可访问来自全球的学术文献、新闻报道、百科资料等，极大地拓宽了个人的知识视野。同时，在线教育平台的兴起，更是打破了教育资源的地域壁垒，让优质课程触手可及。无论身在何处，学习者都能根据自身需求，自主安排学习进度和内容，真正实现了教育的普惠化。

从信息传播的角度来看，互联网改变了传统的“点对点”传播模式，实现了“多对多”的网状传播。在社交媒体时代，每个用户都是信息的生产者和传播者。人们可以随时随地分享自己的见解、经历和观点，与来自不同地域、不同文化背景的用户展开交流互动。这种去中心化的传播模式，不仅促进了思想的碰撞和文化的交融，更是推动了草根民间力量的崛起。许多社会议题和公共事件，都是通过网络平台迅速发酵，引发全民关注和讨论，展现出互联网的强大动员能力和影响力。

从经济发展的角度来看，互联网为中小企业和个体创业者提供了广阔的市场空间。过去，受限于地理位置和资金实力，许多中小企业难以开拓全国乃至全球市场。而电子商务的兴起，让企业可以通过网络平台低成本地触达海量用户，实现线上交易和服务。这种“足不出户”的经营模式，不仅降低了企业的运营成本，更是为偏远地区的产品和服务插上了腾飞的翅膀。许多“淘宝村”“电商县”的崛起，正是互联网普惠性的生动写照。

四、互联网对当代社会的影响

（一）社会交往方式的变迁

随着互联网的普及和发展，社交网络已经成为人们日常生活中不可或缺的一部分。社交网络的兴起，不仅改变了人们的交往方式，也对社会结构和人际关系产生了深远影响。

社交网络打破了传统社交的时空限制，使人们能够跨越地域界限，与世界各地的人建立联系。通过社交平台，人们可以随时随地分享自己的生活动态、交流思想观点、寻求情感支持。这种便捷的互动方式，满足了现代人多元化的社交需求，拓展了人际交往的范围和深度。

社交网络还催生了全新的社交形态和文化。在虚拟空间中，个人可以根据自己的兴趣爱好，加入不同的社群和圈子，与志同道合的人建立联系。这种基于共同价值观和生活方式的社交，突破了现实生活中的身份束缚，让人们能够更自由、更真实地表达自我。同时，社交网络也为弱势群体提供了发声平台，使他们能够获得更多的社会支持和资源。

然而，社交网络的兴起也带来了一些负面影响。过度依赖网络社交，可能导致面对面交流能力的退化，削弱人们在现实生活中建立深厚关系的能力。网络社交中信息的真实性难以核实，谣言和虚假信息的传播可能误导公众舆论，甚至引发社会动荡。

社交网络已经成为社会发展的必然趋势。它的出现，反映了人们对于自由表达、广泛交流、多元化社交的诉求。未来，社交网络还将进一步融入人们的生活，成为联结个人与社会的重要纽带。作为社会的参与者，我们既要享受社交网络带来的便利，也要理性看待其影响，努力构建一个真实、包容、积极向上的网络社交生态。

（二）经济领域的重塑

互联网的兴起与发展深刻改变了现代经济的运行方式，电子商务和共享经济就是在这一大背景下应运而生的新业态。电子商务打破了传统商业模式的时空限制，重塑了企业与消费者之间的交互方式。通过互联网平台，商家能够实现全天候、全球化的商品展示和销售，消费者则可以足不出户地浏览、选购各类商品。这种便捷、高效的交易方式极大地拓宽了商业活动的范围，催生出庞大的网络零售市场。与此同时，大数据、云计算等新兴技术与电子商务的结合，进一步提升了商业决策的科学性和精准性。海量的用户行为数据为商家提供了洞察消费者需求的新视角，个性化推荐、精准营销等手段也得以广泛应用。

相较于电子商务对传统商业的变革，共享经济则开创了一种全新的资源配置方式。它以分享、协作为核心理念，通过互联网平台将分散的闲置资源加以整合和优化配置，实现供需双方的直接对接。共享经济打破了传统的所有制界限，使得个人、机构都能参与资源共享的过程，提高了资源的使用效率。从共享单车到分时租赁汽车，从民宿短租到众包服务，共享经济正在各个领域释放出巨大潜力，重塑人们的生活方式。

互联网在促进电子商务和共享经济快速发展的同时，也对监管体系提出了新的挑战。在电子商务领域中，网络交易的虚拟性、匿名性增加了消费者权益保护的难度，网络欺诈、假冒伪劣等问题时有发生。对此，亟须建立健全适应互联网特点的法律法规和监管机制，加强对电商平台的约束和管理，营造安全放心的网络消费环境。而在共享经济领域，如何界定平台、服务提供者和消费者之间的权责关系，如何保障参与各方的合法权益，也成为监管部门需要解决的现实问题。

电子商务和共享经济的蓬勃发展对传统产业形成了一定的冲击和挑战。实体零售受到网购的强力竞争，出租车行业面临网约车的挤压，一些传统企业在转型过程中难免面临阵痛。但从长远来看，电子商务、共享经济与传统产业并非对立关系，而是互利共生、融合发展的关系。线上线下结合、优势互补已经成为零售业发展的大趋势。共享经济平台也在积极与传统行业对接，促进资源的优化整合与产业升级。未来，随着互联网与各领域的深度融合，必将涌现出更多新业态、新模式，为经济发展注入新动能。

第二节　文化产业的定义与分类

一、文化产业的定义及内涵

（一）文化产业的定义与发展

文化产业是一个从工业革命到数字时代不断发展、变迁的过程。随着时代的进步和社会的发展，人们对文化产业的理解也在不断深化和拓展。最初，文化产业的概念源于工业革命时期，当时的文化生产开始呈现工业化、商品化的特点，文化产品的生产和传播逐渐形成规模效应。这一时期的文化产业，主要指大众传媒业，如报纸、杂志、广播、电影等。

随着 20 世纪中后期科技的进步，特别是电子技术和信息技术的发展，文化产业的外延不断扩大。电视、音像制品、计算机软件等新兴文化业态的出现，极大地丰富了文化产业的内涵。同时，传统文化业态也借助新技术实现了转型升级，如数字出版、网络音乐、数字影视等。可以说，这一时期的文化产业已经突破了单一的大众传媒业范畴，呈现多元化、集成化的特点。

进入 21 世纪，互联网技术的普及和移动智能终端的广泛应用，引发了文化产业的又一次革命。数字化、网络化、智能化成为这一时期文化产业发展的关键词。在数字时代，文化内容的生产、传播、消费方式发生了根本性变革。UGC（用户生成内容）、长尾理论、免费经济等新理念，重塑了文化产业的商业模式和价值链条。网络文学、短视频、直播平台、数字艺术等新业态层出不穷，极大地拓宽了文化产业的边界。同时，大数据、云计算、人工智能等新技术在文化产业中的应用日益深入，催生了智能创作、精准推荐、沉浸式体验等创新应用，为文化产业注入了新的活力。

（二）文化产业的内涵

文化产业是现代化经济体系中一种独特的产业形态，它以文化创意为核心，借助科技手段进行文化内容的生产、传播和消费，创造出巨大的经济价值和社会效益。从本质上说，文化产业是文化与经济高度融合的产物，体现了经济发展从物质生产向精神生产演进的趋势。

文化产业以丰富多彩的文化符号、意象为创作元素，通过艺术加工和创意设计，将文化资源转化为具有知识产权的文化产品和服务，如影视作品、动漫游戏、创意设计等。这些产品和服务不仅能够满足人们日益增长的精神文化需求，更能创造出可观的经济效益。由此可见，文化产业是文化生产力与经济生产力相结合的典型代表，是文化繁荣与经济发展的重要结合点。

现代文化产业的发展离不开先进科学技术的支撑。数字技术、网络技术、人工智能等现代科技成果广泛应用于文化产业各个环节，极大地拓宽了文化生产、传播和消费的时空边界，催生了众多新型业态和商业模式，如数字出版、网络视频、线上演出等。科技赋能不仅提升了文化产品的生产效率和传播效能，更是推动文化产业实现转型升级、跨界融合的关键动力。

尽管文化产业高度依赖现代科技，但其核心竞争力仍然源自文化创意。唯有立足本民族优秀传统文化，深度挖掘历史文化资源，以创新的艺术形式和传播方式讲好中国故事，才能彰显文化产业的独特魅力，实现其传承文明、引领风尚的社会功能。换言之，文化产业绝非单纯的经济行为，而是承载着弘扬民族精神、践行社会主义核心价值观的使命担当。

文化产业是文化与经济深度融合、传统与现代交相辉映的产业形态，它以文化创意为灵魂，以现代科技为支撑，以经济效益为目标，既彰显了中华文化的独特魅力，又体现了创新驱动发展的时代特征。在新发展阶段，推动文化产业高质量发展，对于满足人民群众多样化、多层次的精神文化需求，促进经济社会协调发展具有重要意义。这不仅需要加大文化产业关键核心技术攻关力度，更需要深入挖掘中华优秀传统文化，讲好中国故事，不断提升文化产品和服务的内涵品质，为社会主义文化强国建设注入澎湃动力。

二、文化产业的分类标准与范围

（一）国际文化产业分类标准

在国际文化产业分类标准的制定过程中，联合国教科文组织（UNESCO）发挥着核心引领作用。UNESCO 于 2009 年发布了《文化统计框架》（*Framework for Cultural Statistics*，FCS），为各国提供了一个国际通行的文化产业分类参考标准。FCS 从创意和设计、表演艺术、视听媒体、书报刊与文学创作、文化遗产等方面，对文化产业的内涵和外延进行了系统梳理和界定。这为全球文化产业统计、产业政策制定提供了重要依据，也有利于加强各国文化产业发展的国际可比性。

与 UNESCO 并肩，一些区域性国际组织和机构也在积极推动文化产业分类标准的国际协调。例如，欧盟统计局制定了《欧盟经济活动统计分类》（NACE），将出版、广播影视、创意设计等列为文化产业的重点领域。经济合作与发展组织（OECD）也出台了《内容与媒体产业分类》（*Classification of Content and Media Industries*），重点关注数字内容产业发展。这些区域性分类标准与 UNESCO 框架相互印证，共同勾勒出文化产业发展的国际图景。

在各国实践层面，许多发达国家已建立起较为成熟的文化产业分类体系。例如，英国将创意产业作为国家战略性新兴产业重点扶持，划分为广告、建筑、工艺品、设计、时尚、电影、互动休闲软件、音乐、表演艺术、出版、软件和计算机服务、电视和广播等 13 个门类。美国在其《北美产业分类系统》（NAICS）中，将艺术、娱乐和休闲等纳入文化产业范畴。加拿大、澳大利亚、日本、韩国等国家也相继出台本国的文化产业分类标准，为统计监测和政策制定提供了重要抓手。发展中国家如中国、巴西、印度等，也在借鉴国际标准的基础上，结合本国国情制订文化产业分类方案，以期更好地推动文化产业成为国民经济的战略性支柱产业。

尽管 UNESCO 等国际组织为文化产业分类提供了重要参考，但由于各国经济社会发展水平、文化背景差异巨大，在具体实施过程中仍存在诸多挑战。一方面，发达国家侧重于数字创意产业，将软件开发、电子游戏等作为文化产业的新兴增长点；而广大发展中国家则更加重视传统文化资源的开发和利用。另一方面，一些国家对个别行业的归属存在争议，如建筑设计、时尚设计等，不同国家的界定标准并不统一。因此，UNESCO 框架在指明方向的同时，也允许各国根据自身特点灵活调整和细化。

（二）国内文化产业分类体系

我国文化产业分类标准的制定和完善是伴随着文化产业发展而不断演进的动态过程。国家统计局在 2004 年首次发布了《文化及相关产业分类》，标志着我国文化产业分类体系建设迈出了关键一步。该分类以国际标准为基础，结合我国国情和文化产业发展实际，将文化产业划分为新闻出版、广播电视电影、文化艺术、互联网文化等 9 大类，涵盖 37 个大类、93 个中类和 231 个小类。这一分类体系初步确立了中国特色的文化产业分类逻辑和框架。

随着文化产业的快速发展和结构升级，原有分类标准已难以全面反映产业最新态势。为适应新形势需要，国家统计局在广泛调研、充分论证的基础上，于 2018 年发布了新修订的《文化及相关产业分类（2018）》。新版分类进一步拓展了文化产业外延，增设文化装备制造、文化消费终端生产、文化投资运营、文化中介服务等四个大类，使分类体系更加全面、系统。同时，顺应文化产业数字化、网络化趋势，单独设立数字创意和设计服务大类，强化了新兴业态分类。修订后的分类共包括 10 个门类、43 个大类、146 个中类和 334 个小类，以清晰的逻辑框架、科学的分类标准为文化产业统计监测提供了重要依据。

中国特色文化产业分类体系的构建，深刻体现了对文化产业内涵和外延的准确把握。一方面，分类紧扣文化产业的核心要义，即以创意为核心、以文化内容的创作、生产和传播为主要环节的特殊产业形态。围绕这一内涵，分类设置了新闻出版、创意设计、广播电视电影、文化艺术等传统和新兴文化业态类别。另一方面，分类充分考虑了文化产业的外延拓展和融合发展趋势，合理涵盖了与文化生产性服务和文化辅助性制造紧密相关的行业门类，如文化装备制造、文化专业设备、文化消费电子产品制造等，体现了“文化＋”和“＋文化”的发展理念。

我国文化产业分类标准并非一成不变的静态规范，而是一个开放完善的持续过程。面对新技术、新业态、新模式不断涌现的产业发展形势，分类体系还需与时俱进地调整优化。比如，随着人工智能、虚拟现实、区块链等技术与文化产业加速融合，衍生出诸多前沿新业态，现有分类可能难以准确涵盖。对此，还需继续健全完善分类规范，增强针对性和前瞻性，以精准刻画产业发展图景。

（三）文化产业的主要类型与范围

文化产业作为一个多元化的综合性产业体系，其分类标准和类型划分一直是学界关注的重点。广义而言，文化产业涵盖了一切以文化创意为核心、满足大众精神文化需求的生产经营活动，具有内容驱动、创意为王的鲜明特征。但如何对如此广泛的文化产业进行科学、合理的细分，仍需要进一步探讨。

纵观文化产业的发展历程，各国学者基于不同视角提出了多种分类标准。比如，有学者从文化产品的传播方式出发，将文化产业划分为内容产业、渠道产业和衍生产业；也有学者从消费结构的角度，将其分为精英文化产业、大众文化产业和生活文化产业。这些分类方式虽各有侧重，但都体现了对文化产业内涵的深入理解。

然而，随着文化产业的不断发展和产业边界的日益模糊，传统的分类标准已难以全面反映其多样化的特征。因此，学界亟须构建一个更加全面、系统的分类框架。联合国教科文组织提出的文化产业分类体系为我们提供了有益启示。该体系以文化内容的创作、生产和传播为主线，将文化产业划分为遗产、艺术、媒体、功能创意四大门类，涵盖了文学、音乐、戏剧、新闻出版、广播影视等多个领域。这一分类不仅考虑了文化产品和服务的属性，还兼顾了文化生产的不同环节，体现了文化产业的完整产业链。

在中国，文化产业的分类体系经历了从粗放到精细的发展过程。早期的分类多采用文化部门或文化产品的口径，如出版业、电影业、文化娱乐业等。这种分类虽然直观，但无法准确反映文化产业的内在逻辑和发展规律。2004 年，国家统计局发布的《文化及相关产业分类》标志着中国文化产业分类体系进入规范化阶段。该标准参考了联合国的分类方案，根据文化产业链条的结构特点，将文化产业划分为核心层、外围层和相关层，涵盖了艺术品、工艺品、文化设备、文化辅助生产等诸多方面。这一分类框架更加全面、系统，为文化产业统计、产业政策制定奠定了基础。

从目前的研究来看，文化产业的主要类型可以概括为以下几个方面：首先是传媒产业，包括报纸、期刊、图书、电影、广播、电视等大众传播媒介。这类产业传承人类文明，传播社会信息，在文化产业中占据核心地位。其次是艺术产业，涉及美术、音乐、舞蹈、戏剧等艺术门类的创作、表演、交易和服务。最后是文化娱乐产业，囊括了游戏、主题公园、博物馆、图书馆等休闲文化设施。随着科技进步和消费升级，动漫、网络文学、创意设计等新兴文化业态方兴未艾，成为文化产业发展的新亮点。这些不同类型的文化产业，既各具特色，又相互交融，共同构筑起丰富多彩的文化产业体系。

随着文化与科技、金融、旅游等产业的深度融合，许多跨界文化业态不断涌现，传统的文化产业分类标准已难以涵盖。因此，未来文化产业分类体系应更加开放、包容，既要立足文化属性，又要兼顾技术手段和商业模式，动态反映文化产业发展的新趋势、新业态、新模式。只有构建起科学合理、与时俱进的分类框架，才能全面把握文化产业的发展脉络，明晰产业布局，为文化产业规划、统计、管理提供重要依据。

三、核心文化产业与外围文化产业的界定

（一）核心文化产业的概念与特征

核心文化产业是指直接从事文化内容的创作、生产和传播，将精神文化产品作为主要生产对象的产业。它立足于人类的精神需求，通过创新性地组织文化资源，运用现代科学技术手段，生产出富有思想内涵、艺术价值的文化产品和服务。核心文化产业是文化产业体系的中枢和灵魂，在推动文化繁荣、引领文化消费、传播社会主流价值观等方面发挥着不可替代的作用。

核心文化产业具有鲜明的文化属性和创新属性。其产品和服务往往富含思想内涵和美学价值，能够满足人们日益增长的精神文化需求，丰富社会文化生活。同时，核心文化产业又具有很强的创新驱动力，不断推陈出新，孕育新的文化业态和消费热点。正是得益于其文化属性和创新属性，核心文化产业成为引领文化消费潮流、推动文化产业升级的重要力量。

从业态来看，核心文化产业主要包括创意设计、新闻出版、广播影视、文学艺术、文化演艺、文化娱乐等领域。这些领域共同构成了核心文化产业的主体，形成了门类齐全、百花齐放的产业格局。在数字化时代，核心文化产业的外延还在不断扩展，网络文学、数字音乐、网络视频、数字出版等新兴业态方兴未艾，为文化产业注入了新的活力。

对于核心文化产业而言，文化内容创作能力和版权保护水平是决定其发展

水平的关键。一方面，文化内容创作是文化产品的灵魂和生命力所在。只有不断推出思想性、艺术性俱佳的优秀文化作品，才能吸引广大受众，赢得市场。另一方面，知识产权保护是文化产业良性发展的重要保障。要想打造出持续创新、优质丰富的文化产品，就必须为文化创意人才提供可靠的利益回报，确保其合法权益不受侵犯。只有形成尊重知识、崇尚创造、保护版权的良好氛围，核心文化产业才能真正焕发生机与活力。

核心文化产业作为文化产业体系的核心和灵魂，在国民经济和社会发展中发挥着越来越重要的作用。随着文化消费升级和科技进步，核心文化产业必将迎来更加广阔的发展空间。在新时代，要以文化自信为引领，围绕满足人民群众的精神文化需求，大力培育核心文化产业发展新动能，塑造更多叫得响、传得开、留得住的文化精品。只有不断推进供给侧结构性改革，提升文化内容创作能力，构建严格规范的知识产权保护体系，才能推动核心文化产业实现高质量发展，为建设社会主义文化强国贡献力量。

（二）外围文化产业的内容与边界

外围文化产业内容丰富，涵盖了为核心文化产业提供支持、衍生文化产品生产等多个方面。从产业链的角度来看，外围文化产业处于上下游的关键环节，在文化产业生态中发挥着不可或缺的作用。一方面，外围文化产业为核心文化产业的创作、生产、传播提供了必要的物质技术基础和专业化服务。比如，数字内容制作软件、影视拍摄器材、数字出版平台等，都是文化创意的重要载体和手段。没有这些“幕后英雄”的支持，许多优秀的文化作品难以问世。另一方面，外围文化产业通过对核心文化内容的再加工、再创造，延伸了文化产业链条，极大丰富了文化产品和服务的多样性。衍生品开发、跨界营销、主题公园等都是依托核心文化资源而衍生出的产业形态，它们让文化触角深入大众生活的方方面面，实现了文化价值和经济价值的同频共振。

外围文化产业的边界是开放而灵活的，随着文化科技融合的不断深化，其外延还在不断拓展。数字化浪潮催生了一批新兴的外围文化业态，如数字艺术、网络视听、VR/AR等，它们以前所未有的表现力和沉浸感重塑着人们的文化消费体验。人工智能在文创领域的应用，也让机器学习、智能生成等技术成为文化生产的新助力。

然而，外围文化产业的发展也面临诸多挑战。首先，其对核心文化内容的高度依赖，容易导致同质化严重、创新不足的问题。许多衍生开发项目缺乏原创性和文化内涵，难以形成独特的竞争优势。其次，外围文化产业的市场化程度高、利益诉求强，一定程度上存在急功近利和过度商业化的倾向。过度的资本介入，可能会扭曲文化产品的创作导向，削弱其艺术性和思想性。最后，外围文化产业在监管和引导方面尚不完善，缺乏行之有效的行业规范和扶持政策，一些领域的发展还处于自发、无序的状态。

外围文化产业是现代文化产业体系的重要组成部分。深刻认识外围文化产业的内容边界和发展脉络，准确把握其面临的机遇和挑战，对于推动我国文化产业高质量发展具有十分重要的意义。只有立足文化自信，坚持以人民为中心的价值引领，推动文化事业和文化产业全面繁荣，才能更好满足人民群众日益增长的美好文化生活需要。这不仅是深化文化体制改革的题中应有之义，更是建设社会主义文化强国的必然选择。

四、文化产业与相关产业的关联性分析

（一）文化产业与旅游业的关联

文化产业与旅游业的关联与互动，是推动经济高质量发展的重要抓手。随着社会经济发展水平的不断提升，人民对美好生活的向往日益强烈，精神文化需求日益旺盛。在此背景下，文化和旅游的深度融合，文化产业和旅游产业的协同发展，已经成为创新经济增长点、扩大有效内需、提升城市品质、彰显国家软实力的关键路径。

从本质上看，文化是旅游的灵魂，旅游是文化的载体。一方面，历史悠久的文化遗产、独具魅力的人文景观，能够极大地提升旅游地的吸引力，成为旅游者体验和消费的重要对象。旅游资源开发越是能够与地域文化内涵相得益彰，越能打造出独具特色的旅游产品，满足游客多样化、个性化的需求。另一方面，旅游活动又为文化的传播和发展提供了重要平台。游客在旅游过程中，不仅能够直观地感受不同地域的文化氛围，更能通过互动体验、参与实践，加深对特定文化的认知和理解。非物质文化遗产、文创产品等文化元素与旅游活动的巧妙融合，能够拓展文化消费场景，激发文化消费潜力，实现文化价值与商业价值的双丰收。

从实践来看，文化和旅游的融合发展已经呈现多种创新模式。主题公园、文化旅游小镇、特色文化街区等新业态不断涌现，带动了一批文化旅游项目的

落地实施。以文化元素为核心的节庆活动、文艺演出、体育赛事等，成为提升旅游目的地知名度和美誉度的重要手段。数字技术、沉浸式体验等的运用，为文旅融合注入了新的活力。这些生动实践不仅丰富了人们的文化旅游体验，也为传统景区转型升级、都市旅游提质增效提供了有益启示。

从价值意义上说，加强文化和旅游的融合发展，推动文化产业与旅游产业的协同联动，不仅能创造巨大的经济效益，更能产生广泛而深远的社会影响。通过文旅融合，能够盘活特色文化资源，实现文化遗产的创造性转化和创新性发展。文旅项目的开发建设，能够带动区域经济转型升级、优化产业结构、促进就业创业。高质量的文旅产品，能够满足人民日益增长的美好生活需要，提供更加丰富多元的休闲度假选择。彰显地域特色的文旅形象，还是树立城市品牌、提升国家形象的重要抓手。一个地区的文化底蕴和旅游资源，往往是其在区域竞争和国际交往中的独特优势。

推动文化产业与旅游产业的深度融合，是贯彻新发展理念、构建新发展格局的重要着力点。文化为旅游注入深层内涵，旅游为文化搭建广阔舞台。在加快建设社会主义文化强国的征程中，在全面推进乡村振兴、区域协调发展的进程中，加强文化与旅游的跨界融合，推动文旅产业高质量发展，必将激发更为强劲的发展新动能，为经济社会高质量发展提供持久动力。这既是文旅产业从业者的责任使命，更是推动中华文化创造性转化、创新性发展的时代要求。

（二）文化产业与教育产业的融合

文化产业与教育产业的融合为知识传播和文化创新提供了广阔的空间。在当前全球化和数字化的大背景下，两大产业的深度融合已经成为推动社会进步、促进经济发展的重要动力。从知识传播的角度来看，教育产业是文化产业的重要组成部分，承担着传承人类文明、提升全民素质的重任。而文化产业则为教育产业注入了新的活力，丰富了教育内容和形式，拓宽了教育的传播渠道。通过将文化元素融入教材、课程、教学活动等环节，教育不仅能够更好地践行立德树人的根本任务，还能够提升学生的人文素养、审美情趣和创新意识。同时，文化产业也为教育产业输送了大量的高素质人才，为教育事业的可持续发展提供了智力支持。

从文化创新的视角来看，教育产业与文化产业的融合为文化创意的孕育和发展提供了肥沃的土壤。一方面，教育通过培养具有文化创新潜质的人才，为文化产业输送了源源不断的创意源泉。无论是艺术设计、影视制作，还是数字出版、动漫游戏等领域，都离不开具有深厚文化底蕴和创新能力的复合型人才。另一方面，文化产业的发展也反哺了教育领域的创新。文化企业与高校联合开展产学研合作，共建创新实验室、创意工作室等平台，不仅为在校学生提供了实践锻炼的机会，也为教育教学改革提供了新的思路和动力。通过学习先进的文化创意理念和方法，教育工作者能够不断更新教学内容，创新教学模式，提升人才培养质量。

文化产业与教育产业的融合还有利于推动文化传播和文化消费。随着社会的发展和人们生活水平的提高，文化已经成为一种重要的消费品和精神需求。而教育在提升国民文化素养、培养文化消费习惯等方面发挥着重要作用。通过开设文化艺术类课程、组织文化体验活动等形式，教育能够引导学生树立正确的文化价值观，提高文化鉴赏能力，养成良好的文化消费习惯。同时，教育机构也成为文化产品和服务的重要消费主体，为文化产业的发展提供了广阔的市场空间。教育与文化的双向互动，不仅扩大了文化的传播范围和影响力，也推动了文化消费的繁荣发展。

（三）文化产业与科技产业的互动

随着数字技术的快速进步和广泛应用，科技革新正在深刻影响和重塑文化产业的形态与内涵。先进的科学技术为文化产品的创作、生产、传播提供了更为便捷、高效的手段和平台。数字化、网络化、智能化等现代技术手段的运用，极大地拓展了文化产品的表现形式和传播渠道，催生了众多新型文化业态，如数字出版、网络视听、移动多媒体等。这些新业态的兴起，不仅丰富了人们的文化生活，也为文化产业注入了新的活力和动力。

文化产业与科技产业的融合，也为科技成果的转化应用开辟了广阔空间。许多尖端科技，如虚拟现实、增强现实、人工智能等，都在文化领域得到了创新性的运用，衍生出诸多富有吸引力和感染力的文化产品。这些产品不仅满足了人们日益增长的精神文化需求，也推动了科技成果的产业化、市场化进程。可以说，文化已经成为科技创新最具活力和想象力的应用场景之一。

文化产业与科技产业的融合，正在引发文化生产方式和文化消费模式的深刻变革。在传统的文化生产中，创作、生产、传播往往是相对分离的环节，而数字技术的应用，使得这些环节日益一体化，形成了全新的文化生产流程和生态系统。与此同时，在文化消费端，数字化、移动化、社交化等趋势也在重塑人们的文化消费习惯和体验方式。越来越多的用户开始习惯于在线上平台获取文化产品和服务，并通过社交网络进行分享、互动。这些变化不仅促进了文化消费的个性化、多样化发展，也为文化产业的精准营销、用户运营提供了更为有力的支撑。

然而，文化产业与科技产业的融合发展，也面临着诸多挑战和问题。首先，文化创意与科技创新的有机结合，需要跨界人才的培养和复合型团队的建设。这对传统的教育体系和人才培养模式提出了新的要求。其次，数字时代的文化传播，也对内容管理和版权保护提出了更高要求。如何在鼓励创新的同时，加强对文化市场的规范和引导，维护文化产品创作者的合法权益，是一个亟待解决的现实问题。最后，文化产业与科技产业的融合，还需要在体制机制层面进行创新和突破。如何构建有利于两大产业协同发展的政策环境和服务体系，推动产业链、价值链、创新链的有效对接，也是一个值得深入探讨的重要课题。

文化产业与科技产业的融合发展，既是大势所趋，也充满了机遇和挑战。它不仅为文化产业的转型升级和科技成果的转化应用开辟了新的空间，也深刻影响和改变着人们的文化生活方式。在新的历史条件下，准确把握两大产业融合发展的趋势和规律，努力破解融合发展面临的现实问题，对于推动文化产业繁荣发展，提升国家文化软实力，具有十分重要的战略意义。这既是时代赋予我们的重要任务，也是推动社会进步、实现美好生活的内在要求。

第三节　互联网对文化产业的影响

一、互联网对文化产业生产方式的改变

（一）数字化生产

互联网技术的快速发展深刻影响着文化产业的方方面面，尤其是在生产环节，数字化趋势已然成为主导。数字化生产使得文化产品的创作、编辑、存储和发布都在网络空间中实现，极大地提升了生产效率和灵活性。传统的文化生产模式受到场地、设备等物理条件的限制，创作者难以随时随地投入创作。而在互联网时代，云计算、大数据等先进技术为文化生产提供了便捷的平台和强大的工具，使创作者能够利用碎片化时间进行创作，并通过网络实现协同合作和即时反馈。

数字化生产还催生了诸多新型文化业态，如网络文学、数字音乐、视频网站等。这些业态打破了传统文化产业的门槛和边界，让更多的普通人参与文化生产。以网络文学为例，任何人都可以在网络平台上自由创作和发布作品，与读者直接互动交流，形成了草根式的生产方式。这种“去中心化”的生产模式极大地激发了大众的创造力，促进了文化的多样性发展。

数字化生产对文化产品的内容和形式也产生了深远影响。一方面，海量网络信息为创作者提供了丰富的素材和灵感来源，使得文化产品内容更加多元化；另一方面，数字技术的发展催生了诸多新的表现形式，如交互式小说、沉浸式戏剧等，大大拓宽了文化产品的表现空间。数字化生产还使得不同类型的文化资源能够实现无缝整合，如将文学、音乐、美术等元素融合创作，形成全新的艺术样式。

然而，数字化生产也带来了一些问题和挑战。首先是知识产权保护问题。在网络环境下，文化产品极易被复制、传播和盗用，侵权现象屡禁不止，严重损害了创作者的利益。其次，过度娱乐化和同质化现象在一定程度上影响了文化产品的质量和多样性。数字鸿沟的存在使得一些人难以平等地参与文化生产和消费，加剧了文化领域的不平衡现象。

（二）协同创作

互联网时代，网络平台成为跨地域协同创作的重要载体。云计算、大数据等新兴技术的发展，为创作团队提供了高效便捷的协作工具和环境。在线协作平台打破了时空限制，让身处不同地区的创作者能够实时交流 ideas、分享资源、共同完成创作任务。这种去中心化的创作模式，极大地提升了创作效率，促进了创意的碰撞和融合。

网络协同创作不仅改变了文化产品的生产方式，也深刻影响着创作内容和风格。多元文化背景的创作者汇聚在一起，带来了不同的审美视角和价值取向。他们的思想交锋和艺术碰撞，催生出更加多样化、包容性的文化作品。同时，网络平台也为小众文化、非主流艺术提供了表达空间，让更多元的声音得以传播。这种百花齐放的创作生态，极大地丰富了文化产品的内容和形式。

协同创作模式还突破了传统的专业分工界限，实现了跨领域的融合创新。在网络平台上，编剧、导演、演员、设计师等不同专业的创作者可以充分互动，实现全流程、多维度的创意碰撞。这种跨界合作打破了思维定式，激发了创作灵感，催生出诸多新颖独特的文化产品。比如，将游戏、动漫与影视相结合的泛娱乐项目，正是协同创作的成功范例。

网络协同创作平台还为创作者提供了海量的数据支持和智能化工具。基于用户大数据分析，平台可以精准把握受众需求和市场趋势，为创作提供方向指引。人工智能算法能够在创作过程中提供灵感激发、素材推荐、效果预览等智能辅助，提升创作效率和质量。数字化、智能化的创作辅助工具让创意从构思到落地的周期大大缩短，助力优质内容的快速迭代。

网络协同创作虽然有诸多优势，但也面临一些挑战和问题。比如，如何建立有效的激励机制，调动不同主体的创作积极性；如何权衡创作自由与内容审核，既确保创作空间，又维护平台生态；如何妥善处理跨区域创作的版权归属问题，既保护创作者权益，又促进作品传播，这些都需要在实践中不断探索完善。

（三）用户生成内容

互联网时代的到来为用户参与文化生产提供了前所未有的机会和平台。在传统文化产业中，内容生产主要由专业机构和个人把控，普通受众更多扮演被动接受的角色。然而，互联网打破了这一格局，它以其开放、互动、共享的特性，极大地降低了文化生产的门槛，鼓励更多用户参与内容创作和传播。

用户生成内容（User - generated Content，UGC）是互联网时代文化生产的重要表现形式。UGC 是指用户利用互联网平台自发创作并公开发布的各类文本、图片、音频、视频等内容。这些内容来源于用户的真实生活体验和独特见解，具有鲜明的个人特色和强烈的表达欲望。相较于专业生产的内容，UGC 往往更加贴近大众生活，更能引发受众共鸣。微博、抖音、B 站等平台上，每天都有海量 UGC 涌现，它们构成了互联网时代文化版图的重要组成部分。

用户既是文化消费者，又是文化生产者，这是互联网时代文化生产的显著特点。一方面，互联网为用户提供了丰富多元的文化产品和服务，满足了他们日益增长的精神文化需求。另一方面，互联网也为用户参与文化创作提供了便利条件。只要有一部智能手机或计算机，任何人都可以通过文字、图片、视频等方式表达自我、传递价值观念。这种身份的转换，使得文化生产从少数人的专属领域转变为全民参与的公共活动，极大地激发了社会的创造力。

用户参与文化生产，推动了文化形态和传播方式的变革。首先，UGC 的兴起打破了传统文化生产的中心化格局，形成了去中心化、多元化的文化生态。在这一生态中，各类文化形式百花齐放、交相辉映，体现了时代的多样性和包容性。其次，社交媒体成为UGC传播的主要渠道，用户通过转发、评论、分享等方式参与内容的再创作和二次传播，极大地拓宽了文化影响力。这种交互性和裂变式传播，加速了优秀文化内容的涌现和流行。

二、互联网对文化产业传播方式的影响

（一）传播渠道的多样化

互联网时代的到来，为文化产业的传播提供了前所未有的机遇和挑战。传统的文化传播渠道受到地域、时间等条件的限制，难以实现广泛、及时、互动的传播效果。而互联网凭借其开放、共享、互动的特性，打破了传统传播的束缚，为文化产业插上了腾飞的翅膀。

社交媒体作为互联网时代最具代表性和影响力的传播平台，正在深刻重塑文化产业的传播生态。微博、微信、抖音等社交媒体应用，以其便捷、实时、互动的特点，成为文化内容传播的主阵地。在社交媒体上，文化企业可以直接面向目标受众，精准投放内容，实现点对点的互动传播。同时，用户也可以便捷地分享、评论、转发感兴趣的文化内容，形成裂变式的传播效应。这种去中心化、自组织的传播模式，极大地提升了文化内容的传播广度和深度，为优质文化作品的传播创造了条件。

直播平台的兴起，为文化产业提供了又一重要传播渠道。相比于传统的文化传播方式，直播具有实时性强、互动性高、沉浸感强等特点。通过直播，文化企业可以实现与用户的零距离互动，提供身临其境的文化体验。例如，博物馆可以开展在线直播讲解，让观众足不出户就能欣赏文物的风采；演出机构可以进行演出实况直播，让更多观众享受现场的艺术氛围。直播打破了时空限制，极大地拓展了文化传播的边界，为文化产业的发展注入了新的活力。

移动互联网的普及，使得移动端成为文化传播的重要阵地。相较于PC端，移动端具有碎片化、移动化、社交化等特点，更契合当代用户的媒介使用习惯。文化企业纷纷开发移动App，以小程序、H5等轻量化形式，将文化内容植入用户的移动生活场景。例如，很多博物馆推出了移动导览App，为观众提供语音讲解、AR互动等功能，丰富了参观体验。一些文学平台也推出了移动阅读App，让用户随时随地享受阅读的乐趣。移动化的传播方式，提升了文化内容的可达性和便捷性，为文化产业的发展提供了新的增长点。

互联网还催生了众多新兴文化传播形态，如网络文学、网络音乐、网络电影等，极大地丰富了文化产业的内容形式。这些新兴业态打破了传统文化生产的壁垒，让更多草根创作者有机会展示才华，参与文化生产。同时，互联网平台的大数据分析能力，也为文化企业提供了精准的用户画像和内容推荐，助力其实现精细化运营。可以说，互联网已经成为当代文化传播的核心载体和驱动力，深刻影响着文化产业的发展走向。

（二）信息传播的即时性

互联网的迅猛发展给文化产品的传播带来了深刻变革。传统的文化传播方式受到时间、空间等因素的限制，难以实现信息的即时传递。而互联网凭借其高速、便捷的特性，打破了时空界限，极大缩短了文化产品从生产到消费的时间，实现了信息传播的即时性。在互联网时代，一部电影、一张专辑或一本书的发行可以通过网络瞬间传遍全球，受众无须等待，即可第一时间感受到文化的魅力。

互联网的即时传播特性改变了文化产品的生命周期。过去，一部电影从拍摄到上映往往需要数月甚至更长时间，而如今，得益于互联网的高效传播，电影完成后可以迅速推向市场，与观众见面。这种即时性不仅满足了人们对新鲜事物的需求，也为文化产品的营销创造了机会。热门影视剧、音乐作品能在网络平台上快速引发关注和讨论，形成话题效应，加速产品的推广和消费。同时，即时传播也意味着文化产品能够更加贴近用户需求，生产者可以通过网络实时收集用户反馈，并根据反馈及时调整创作方向，提高产品质量。

互联网即时传播的特点还体现在用户对文化产品的参与感和存在感显著提升。在网络平台上，用户能够与文化生产者直接互动，表达自己的看法和建议。这种“零距离”的交流模式增强了用户对文化产品的认同感，调动了其参与热情。许多网络文学、网络剧的创作过程就充分吸收了用户的意见，最大限度地贴合了大众口味。同时，互联网也为用户提供了随时随地感受文化、分享心得的可能。人们利用碎片化时间浏览信息、参与讨论，从而拉近了与文化产品的距离，强化了文化体验。

互联网虽然推动了文化传播的即时性，但也对文化产业的发展提出了新的挑战。海量信息的即时传递可能导致优质内容被淹没，用户难以从信息洪流中甄别高质量的文化产品。即时传播也加剧了文化市场的同质化竞争，一些模仿性、跟风性的作品可能快速抢占市场先机。这就要求文化生产者在注重即时传播的同时，更加重视内容质量的提升和创新能力的培养，以优秀的作品赢得用户的青睐。

（三）交互性与参与性

互联网时代催生了全新的文化传播生态，重塑了文化产业的运行逻辑。网络平台作为新兴的文化载体，其交互性和参与性特征正在深刻影响着文化的生产、流通和消费。传统的文化传播模式以单向、线性、中心化为主要特征，受众更多地扮演被动接受的角色。而互联网平台为用户提供了广泛参与文化生产和传播的机会，使其从单纯的内容消费者转变为积极的内容生产者和传播者。

网络平台的互动机制为用户参与文化传播提供了便利条件。在社交媒体、视频网站、论坛社区等平台上，用户可以轻松地对文化内容发表评论、参与讨论，表达自己的观点和看法。这种实时、直接的互动方式打破了传统文化传播的时空界限，增强了用户的参与感和存在感。同时，网络平台还为用户提供了丰富的创作工具和渠道，鼓励其创作和分享原创内容。用户利用图文、音频、视频等多样化的表现形式，记录生活见闻，表达个人观点，传递价值理念，逐渐成长为新型文化内容的生产主体。

网络平台还利用推荐算法、热榜机制等技术手段，增强用户参与文化传播的积极性。相比于传统媒体时代由专业人士把控议程设置，互联网平台借助算法实现了“千人千面”的个性化内容分发，基于用户兴趣精准匹配相关文化产品，引导用户主动参与感兴趣的文化话题。热榜机制则通过实时呈现网民互动数据，以榜单的方式凸显热点文化事件和现象，激发更多用户的关注和参与。在算法推荐和热榜激励的双重驱动下，优质文化内容得以快速传播，形成持续影响力，吸引更多用户主动加入传播行列。

大数据技术进一步赋能了用户参与文化传播的深度和广度。网络平台可以捕捉并分析海量用户行为数据，洞察用户的喜好特征、互动模式、传播路径，为文化内容生产提供精准画像和创作灵感。与此同时，平台通过数据分析预测文化产品的市场潜力，优化内容投放策略，实现传播效果的最大化。在数据驱动下，文化内容更加贴近用户需求，传播过程更加精准高效，吸引更多用户参与文化的评论、分享和再创作。

网络平台交互性和参与性的提升，深化了文化传播的民主化进程。互联网打破了文化生产和传播的门槛，赋予每一个个体表达自我、传递价值的平等权利。草根文化、亚文化、小众文化借助网络平台得以崛起，多元化的文化生态初步形成。这种自下而上的文化生产传播机制，改变了主流文化的话语霸权，呈现更加丰富立体的社会图景。同时，网民以弹幕、点赞、转发等互动行为积极介入文化事件和公共议题的讨论，形成话语协商和集体智慧生成，推动着社会文化的包容、进步与变革。

三、互联网对文化产业消费模式的重塑

（一）在线消费趋势

随着互联网技术的快速发展和普及，消费者获取和消费文化产品的方式发生了显著变革。在线渠道逐渐成为人们接触文化内容的主要途径，这一趋势正深刻影响着文化产业的发展轨迹。

在线消费模式为用户提供了更加便捷、灵活的文化体验。通过互联网平台，消费者可以随时随地浏览、选择自己感兴趣的文化产品，突破了传统消费模式的时空限制。无论是在家中、办公室，还是通勤途中，人们都能轻松地观看电影、阅读书籍、欣赏音乐，享受丰富多彩的文化生活。这种自主性和灵活性极大地满足了现代人碎片化、个性化的消费需求。

在线消费引导文化产业实现了内容形态的多元化。数字技术的应用使得文化内容可以呈现为文字、图片、音频、视频等多种形式，为用户提供了更加生动、立体的感官体验。互动性内容如游戏、虚拟现实等进一步拓展了文化消费的维度，让用户成为内容创作和传播的参与者。内容形态的丰富和交互性的提升，不仅增强了文化产品的吸引力，也为文化产业注入了新的创意活力。

大数据技术为精准推送奠定了基础，使得在线文化消费日益个性化、定制化。智能算法能够深入分析用户的兴趣爱好、消费习惯，从海量文化资源中匹配最契合的内容。个性化推荐机制一方面提升了用户的文化消费体验，另一方面也帮助文化企业实现了精准营销。大数据驱动下的千人千面，让每一位消费者都能享受到量身定制的文化盛宴。

在线消费也重塑了文化产品的传播渠道和方式。社交媒体平台成为内容分享和口碑传播的重要阵地，用户通过转发、评论、点赞等方式参与文化内容的二次传播。优质内容在互联网上快速传播，形成爆款效应，吸引更多消费者的关注。同时，在线消费也促进了文化产业与其他行业的融合，衍生出网络文学、网络音乐、短视频等新兴文化业态，拓展了文化消费的场景和可能性。

在线消费趋势对文化产业提出了新的挑战和要求。文化企业需要适应互联网时代的传播特点，创新内容生产方式，提供优质、多元、个性化的文化产品。同时，企业还需重视用户体验，利用大数据、人工智能等技术手段，为消费者提供便捷、智能、沉浸式的文化消费服务。唯有顺应在线消费浪潮，不断优化内容供给和服务模式，文化产业才能实现可持续发展。

（二）个性化与定制化服务

互联网时代为文化产品的个性化和定制化服务提供了广阔的舞台。大数据分析技术的发展使得文化企业能够更加精准地洞察用户需求，为其提供量身定制的文化产品和服务。通过收集和分析用户在互联网上的浏览、搜索、购买等行为数据，文化企业可以绘制出用户的兴趣图谱和消费偏好，从而实现精准营销和个性化推荐。

以在线音乐平台为例，它们利用大数据算法分析用户的听歌记录、收藏列表、歌单创建等行为，构建起用户的音乐品位画像。基于这些画像，平台可以向用户推荐与其偏好相匹配的歌曲、专辑和艺人，提升用户的听歌体验。同时，平台还可以根据用户的反馈动态调整推荐策略，实现与用户的互动和共创。

在线阅读平台同样借助大数据技术实现了个性化服务。通过分析读者的阅读历史、书签、笔记等数据，平台可以洞察读者的阅读兴趣和习惯。在此基础上，平台向读者推送契合其口味的图书和文章，并根据阅读进度智能调节字体大小、行距等排版参数，营造舒适的阅读环境。一些平台还支持读者自主上传和分享图书资源，满足了小众化、多元化的阅读需求。

视频网站则利用大数据技术为用户提供私人定制的观影服务。通过跟踪分析用户的观看行为和评分数据，视频网站可以准确把握用户的观影口味和偏好。在此基础上，网站的推荐系统可以自动为用户生成个性化的影视作品榜单，并根据用户的反馈实时优化推荐效果。一些视频网站还尝试引入交互式情节，允许用户在观影过程中自主选择情节走向，提供了更加沉浸式的观影体验。

个性化定制服务的实现有赖于文化大数据的积累和文化企业数字化转型能力的提升。一方面，文化企业需要构建完善的用户数据采集和管理机制，特别是在保护用户隐私、数据安全方面须严格自律。另一方面，大数据分析与个性化推荐等技术在文化场景中的应用尚处于探索阶段，文化企业应加强与科技企业的合作，不断优化算法模型，改进服务质量。

四、互联网对文化产业价值链的拓展

(一) 价值链去中介化

互联网时代的到来深刻改变了文化产业的生态格局，推动其朝着去中介化的方向发展。在传统的文化产业价值链中，内容创作者和消费者之间往往存在着多个中间环节，如出版社、发行商、广告公司等。这些中间商在传播过程中扮演着重要角色，既连接了产业上下游，又对文化产品的内容和形式施加影响。然而，互联网的普及为内容创作者和消费者搭建起直接对话的桥梁，使得众多中介机构的存在价值备受质疑。

在线平台的兴起是推动文化产业去中介化的关键因素。以网络文学为例，作者可以通过起点中文网、晋江文学城等平台直接面向读者发表作品、与粉丝互动，无须经过出版社的层层审核和修改。读者也能够直接向作者打赏，以实际行动支持心仪的作品。这种“平台＋创作者＋消费者”的模式极大简化了文化产品的传播链条，削弱了传统出版机构的话语权，促进了产业利益格局的重构。

流媒体平台的崛起同样加速了音乐、影视等领域的去中介化进程。音乐人可以通过网易云音乐、虾米音乐等平台直接上传作品，与歌迷分享创作心得，获得即时反馈。影视制作团队也能借助爱奇艺、腾讯视频等平台直接向观众呈现作品，省去了发行和放映等中间环节。流媒体平台不仅为创作者提供了展示才华的舞台，也为消费者提供了便捷优质的文化体验，成为连接产业上下游的重要纽带。

社交媒体的发展为去中介化注入了新动力。在微博、微信、抖音等平台上，文化创意工作者可以积累粉丝，塑造个人 IP，直接向消费者输出内容，实现商业变现。许多网红艺人摆脱了经纪公司的束缚，凭借自身影响力开展品牌合作、卖货带货，成为“自媒体时代”的弄潮儿。社交平台打破了传统文化产业的壁垒，为草根创作者提供了施展才华的机会，催生出多元化、个性化的文化业态。

在内容创作者直接面向消费者的过程中，内容质量把控、知识产权保护等问题日益凸显。没有专业机构的“把关”，劣质内容泛滥成灾，版权侵权现象屡禁不止。这就要求平台承担起内容审核、版权维权等责任，建立健全行业规范和监管机制。同时，内容创作者也需要提升自身修养，坚守职业操守，以优质内容赢得消费者的信赖。

（二）新兴价值创造点

互联网时代为文化产业的发展开辟了广阔天地，一系列新兴的价值创造点正在不断涌现。在线社区作为互联网的重要组成部分，正逐渐成为文化产业价值链中不可或缺的一环。在线社区不仅为文化产品的生产、传播提供了新的平台，更重要的是，它为用户参与文化生产和互动提供了便利条件。在社区中，用户不再是单纯的文化消费者，而是以更加主动和积极的姿态参与文化创造。他们通过点评、分享、二次创作等方式，表达自己的观点和看法，分享独特的见解和体验。这种来自用户原创内容的交流互动，极大丰富了文化产品的内涵，为文化产业注入了新的活力。

用户在社区中的互动行为也成为文化产业价值创造的重要源泉。通过分析用户在社区中留下的海量数据，文化企业能够更加精准地把握用户需求，洞察市场动向。用户画像、行为偏好等信息成为优化产品设计、制定营销策略的重要依据。一些创新企业甚至直接将用户数据转化为生产要素，通过数据挖掘和分析实现精准推送和个性化定制，大幅提升了文化产品的附加值。可以说，用户数据已经成为与土地、劳动力、资本并列的新型生产要素，在文化产业数字化转型中发挥着关键作用。

在线社区还催生了一批新型文化业态，如网红经济、直播电商等，为文化产业插上了“数字化翅膀”。在这些业态中，文化符号生产与商品交易高度融合，形成独特的文化消费场景。网红通过直播、短视频等方式展示自己的生活方式和价值观念，吸引大量粉丝关注。这些粉丝构成了网红经济的消费主力军，他们不仅购买网红推荐的商品，更以“打赏”等方式表达对网红个人魅力的认同。这一过程既是经济行为，也是文化互动，为文化产品的营销开辟了新的路径。同理，在直播电商中，主播对商品的介绍和导购不再局限于商品属性本身，而是赋予其独特的文化内涵和体验。消费者的购买行为也体现出更多文化认同和社交属性。可见，在线社区正在重塑人们的文化消费习惯，创造出全新的文化产业业态。

（三）价值链生态化

在互联网时代下，文化产业的价值链正经历着前所未有的变革。随着移动互联网、云计算、大数据等新兴技术的广泛应用，文化产业的生产、传播、消费模式都发生了深刻变化。其中，互联网的开放性特征正在推动文化产业价值链的生态化发展，形成更为复杂、多元的产业生态系统。

传统的文化产业价值链呈现线性、封闭的特点，各个环节之间边界明确，上下游之间的联系相对松散。然而，互联网打破了不同行业、不同领域之间的壁垒，促进了跨界融合和协同创新。在这一背景下，文化产业价值链逐渐向生态化方向演进，呈现开放性、互动性、共生性的特征。

文化产业价值链的生态化体现在主体的多元化。在互联网时代，文化产业不再局限于传统的文化企业，越来越多的互联网企业、科技公司、创业团队等新兴力量开始涉足文化领域。这些主体携互联网思维和技术优势，为文化产业注入了新的活力。同时，个人创作者、自媒体也成为文化生产的重要力量，用户生成内容（UGC）日益丰富。多元主体之间通过网络平台实现资源共享、优势互补，共同构建起文化产业生态系统。

文化产业价值链的生态化还体现在业态的融合化。互联网为不同文化业态之间的跨界融合提供了便利条件。一方面，传统的文学、影视、音乐、游戏等文化形态借助互联网实现了数字化转型，呈现新的表现形式和传播方式。另一方面，互联网催生了网络文学、短视频、直播等新兴业态，极大地拓宽了文化产业的边界。不同业态之间相互渗透、相互影响，形成了错综复杂的关联网络。跨界融合不仅创造了更多元、更立体的文化消费场景，也催生出全新的商业模式和盈利渠道。

文化产业价值链的生态化还反映在用户的参与化。互联网赋予了用户前所未有的话语权和影响力。在'去中心化'趋势下，C 端用户不再是被动的文化消费者，而是积极参与文化生产、传播、评价的重要角色。数字平台为用户提供了展示自我、分享见解的舞台。用户通过生产 UGC、参与交互、进行口碑传播等方式，深度介入文化产品的生命周期全流程。这种参与化趋势一方面满足了用户的表达诉求，提升了文化消费黏性；另一方面也为文化企业提供了洞察需求、优化产品的重要渠道。

文化产业价值链的生态化还体现在资源的整合化。互联网打通了文化产业内部各个环节，也拓展了与其他行业的联系，为资源整合提供了契机。企业可以借助互联网构建起跨地域、跨行业的协同网络，整合内容创意、技术支持、营销渠道、衍生开发等各类资源。这种整合不仅能够实现优势互补，提升文化产品的综合竞争力，也有助于延伸产业价值链，挖掘新的增长点。资源整合化的背后，是文化产业由单一链条向立体网络的嬗变，生态位也随之不断拓展。

第二章　文化产业创新的理论基础

第一节　文化产业创新的必要性

一、适应市场需求变化的需要

（一）应对需求端演变

随着社会经济的发展和消费需求的不断升级，文化产业正面临前所未有的机遇和挑战。消费者对文化产品和服务的需求日益多元化、个性化，这对文化企业的创新能力提出了更高要求。只有紧跟市场趋势，深入洞察消费者偏好的变化，不断推陈出新，文化产业才能在激烈的市场竞争中立于不败之地。

消费者偏好的演变是推动文化产业创新的重要驱动力。随着生活水平的提高和审美情趣的升级，消费者对文化产品的品质、内容、形式等方面有了更高的期望。他们不再满足于单一、刻板的文化消费模式，而是渴望获得更加丰富、独特的文化体验。这就要求文化企业必须紧密关注消费者需求的变化，及时调整创作方向和传播策略，以更加贴近市场、贴近生活的姿态打动消费者的心。

以影视行业为例，近年来国产电影和电视剧的类型日益丰富，题材不断拓展，从现实主义到玄幻科幻，从历史正剧到都市爱情，各种风格和流派百花齐放。这种多元化的发展趋势正是顺应了观众日益多样化的观影需求。与此同时，互联网和移动终端的普及也深刻改变了人们的观影习惯，短视频、网络大电影等新型影视形态大行其道，对传统影视行业形成了冲击与挑战。在这样的背景下，影视公司必须审时度势，一方面加强内容创新，提升作品品质；另一方面积极拥抱新技术、新媒体，探索线上线下融合发展的新模式，方能赢得消费者的青睐。

需求端市场趋势和消费者偏好的变化，也为文化产业跨界融合、协同创新提供了广阔空间。随着消费需求的升级换代，单一文化形态往往难以满足消费者的多元化诉求，而不同领域、不同业态之间的联动与协作，则可以带来“1＋1＞2”的叠加效应。譬如“文化＋科技”“文化＋旅游”“文化＋金融”等新型业态的崛起，使得文化要素得以与更多行业融合渗透，衍生出更加丰富立体的文化产品形态，全方位激发文化消费的活力。特别是随着 5G、VR、AR 等新兴技术的发展，沉浸式、交互式文化体验成为可能，必将引领文化产业迈向更加智能化、个性化、多元化的发展新阶段。

在消费升级和技术革新的时代大潮中，紧跟市场趋势，洞察消费者偏好的变化，是文化产业把握发展机遇、实现创新突破的关键所在。唯有以消费者需求为导向，加强原创能力建设，推动先进技术与文化创意的深度融合，不断更新产品业态、优化服务体验，方能赢得消费者的芳心，引领文化产业实现高质量、可持续发展，为繁荣社会主义文化事业和文化产业贡献力量。

（二）顺应科技媒介变革

科技进步与媒介变革为文化产业创新注入了强大动力，对文化产品和服务模式的更新提出了迫切需求。随着信息技术的飞速发展，数字化、网络化、智能化已经成为时代发展的主旋律，传统的文化生产方式和传播渠道已然难以适应市场的多元化需求。在这一背景下，文化产业必须顺应科技发展潮流，以创新的姿态拥抱变革，方能在激烈的市场竞争中立于不败之地。

从文化产品的生产来看，科技进步极大地拓宽了创作者的表现空间和手段。数字技术的广泛应用，使得文化内容的采集、编辑、处理、呈现等环节更加高效和便捷，大大降低了创作门槛，激发了创作者的创造力。以电影制作为例，数字特效、虚拟现实等技术的运用，使得电影画面更加逼真震撼，视听语言更加丰富多元，大大提升了观影体验。而人工智能、大数据分析等前沿技术的引入，更是为文化产品的个性化定制、精准投放提供了技术支撑，使得文化产品更加贴近受众需求，实现了规模化生产和个性化消费的完美结合。

从文化服务的传播来看，媒介变革彻底改变了文化产品的传播方式和渠道。移动互联网、社交媒体的兴起，打破了传统的“中心—边缘”传播格局，使得文化传播呈现去中心化、碎片化的特点。“自媒体”时代的来临，更是赋予了每一个个体传播主体的角色，使得文化内容的生产和传播更加草根化、民主化。在这一语境下，文化企业必须主动拥抱新媒体，利用新媒体平台的互动性、即时性、社交性等特点，与用户形成良性互动，实现精准营销和口碑传播。同时，文化企业还应积极探索“跨界融合”，充分利用物联网、云计算等新技术，创新文化服务模式，提供沉浸式、参与式的文化体验，满足用户的多元化需求。

科技进步和媒介变革不仅为文化产业创新提供了技术支撑，更深刻影响着人们的文化消费理念和行为。在信息爆炸的时代，人们对文化产品的需求日益呈现个性化、多样化、体验化的特点。简单的内容堆砌已经无法吸引受众的注意力，沉浸式、互动式的文化体验成为用户的主流诉求。因此，文化企业必须紧跟用户需求变化，运用新技术、新媒体，不断创新产品形态和服务模式，提供更加个性化、精细化的文化服务，提升用户的参与度和黏性。只有以用户为中心，以创新为驱动，文化企业才能在变革的浪潮中把握先机，赢得市场的青睐。

二、提升文化产业竞争力的关键

（一）强化核心竞争力

创新是文化产业发展的重要驱动力，它在催生文化产业核心竞争力、创造独特价值方面发挥着关键作用。文化产业的核心竞争力来源于其独特的文化内涵和创意表现。只有不断推陈出新、开拓创新，才能形成难以模仿、难以替代的竞争优势。创新为文化产业注入了源源不断的活力，使其能够持续创造出满足市场需求、引领消费趋势的文化产品和服务。

从内容创新的角度来看，文化产业要立足于丰厚的文化积淀，深入挖掘传统文化资源，并结合时代特点和大众审美进行创造性转化。这种创新不是简单地复制和模仿，而是在传承的基础上进行再创造，赋予传统文化以新的时代内涵和表现形式。比如，在影视剧创作中，编剧可以从古代经典名著中汲取灵感，将其中的人物形象、情节冲突进行现代化改编，使之与当代观众的价值观和审美情趣产生共鸣。又如，在文创产品设计中，设计师可以从传统工艺、民俗文化中提炼元素，融入现代设计理念，开发出既具文化内涵又符合现代生活方式的创意商品。这些内容创新使文化产业焕发出勃勃生机，不断满足人们日益增长的精神文化需求。

从形式创新的角度来看，文化产业要紧跟科技发展步伐，积极运用新技术、新媒体拓宽文化表现的边界。当前，数字技术、虚拟现实、人工智能等新兴技术正在深刻改变人们的生活方式和文化消费习惯。文化产业必须主动拥抱这些技术，探索将其应用于文化创意和传播的新路径。比如，博物馆可以利用虚拟现实技术，为观众提供身临其境的文物鉴赏体验；出版机构可以开发融合多媒体内容的数字出版物，增强读者的互动性和沉浸感；演艺机构可以运用全息投影等技术，创造出视觉冲击力强、艺术表现力高的舞台效果。形式创新让文化产业焕发出耀眼的科技光芒，带给受众全新的文化体验。

从商业模式创新的角度来看，文化产业要顺应互联网时代消费升级和消费个性化的趋势，探索“文化＋科技”“文化＋金融”等跨界融合发展路径。在互联网平台经济蓬勃发展的背景下，文化企业要主动“触网”，利用大数据、云计算等技术手段，精准把握用户需求，开发个性化、定制化的文化产品和服务。同时，文化企业还可以通过与金融机构合作，创新投融资渠道，盘活文化资产，实现产业链、价值链的延伸和升级。这些商业模式创新为文化产业插上了腾飞的翅膀，开辟了更为广阔的发展空间。

推动创新还需要营造良好的制度环境和文化氛围。政府部门要完善文化产业相关政策法规，加大对原创作品的知识产权保护力度，为文化企业创新提供有力支撑。同时，社会各界要形成尊重创新、鼓励创新的文化导向，为文化创意人才的成长搭建广阔舞台。高校、科研机构要加强文化产业创新理论研究，为行业发展提供智力支持。只有在全社会共同努力下，文化产业的创新动力才能充分释放。

文化产业必须立足创新，在内容、形式、商业模式等方面持续探索，不断催生出引领行业发展的新业态、新模式。同时，全社会要形成有利于创新的制度环境和文化氛围，为文化产业插上创新的翅膀。

（二）打造品牌形象

品牌形象是一个企业或产品在消费者心目中的整体印象和感知。它不仅包括品牌的名称、标志、slogan 等显性元素，更涵盖了品牌所代表的价值观、个性特征、情感诉求等隐性因素。一个鲜明、积极、独特的品牌形象能够在激烈的市场竞争中脱颖而出，赢得消费者的认同和信赖。然而，打造卓越的品牌形象绝非一蹴而就，它需要企业在创新的道路上持之以恒、精益求精。

创新是塑造品牌竞争力的灵魂。在当今瞬息万变的市场环境中，唯有不断推陈出新，以创新的姿态满足消费者日益增长的个性化需求，才能持续巩固品牌的领先地位。可口可乐的成功正是源于其在产品创新上的不懈追求。从最初的经典配方，到后来推出的零度可乐、健怡可乐等多元产品线，再到近年来引入的个性化定制包装，可口可乐始终以创新作为品牌发展的驱动力，不断为消费者带来新鲜、有趣的体验，使其品牌形象历久弥新。

创新不仅体现在产品本身，更渗透到品牌营销的方方面面。在数字化时代，借助新媒体平台和技术手段开展营销创新，能够极大提升品牌曝光率和影响力。“小米”手机的崛起便得益于其出色的互联网营销策略。通过社交媒体与粉丝积极互动、举办在线发布会、开设体验店等创新方式，小米成功塑造了“为发烧而生”的品牌个性，吸引了大批忠实用户，树立了良好的品牌形象。

品牌形象的塑造是一个长期而复杂的系统工程，离不开持续不断的创新驱动。企业要立足品牌战略，整合产品、营销、传播等多维创新，不断提升品牌的识别度、美誉度和忠诚度。要时刻保持创新的敏锐嗅觉，紧跟市场潮流和消费趋势，以创新的视角审视品牌发展，以创新的思路打造差异化优势，以创新的行动强化品牌竞争力。

三、推动文化产业可持续发展的动力

（一）创新管理运营机制

创新管理与运营机制是提高文化企业生存与发展能力的关键举措。在激烈的市场竞争环境中，文化企业只有不断创新管理理念、优化运营模式，才能适应市场变化，把握发展机遇。这就要求文化企业树立创新意识，将创新管理与运营机制建设摆在战略高度，作为增强核心竞争力的重要抓手。

文化企业要建立健全创新管理机制，打造有利于创新的企业文化氛围。这需要企业领导充分认识创新的重要性，树立创新发展理念，带头倡导创新文化。同时，要制定科学的创新激励政策，建立公平合理的创新绩效考核体系，充分调动员工的积极性和创造性。企业还应搭建创新交流平台，鼓励员工分享创新经验、相互启发，形成良性互动。通过营造鼓励创新、宽容失败的文化氛围，为创新管理奠定基础。

优化运营机制是文化企业提升生存发展能力的另一关键举措。传统的文化企业运营模式往往存在链条冗长、效率低下等问题，难以适应快速变化的市场需求。因此，文化企业要主动对标行业先进，优化业务流程，提高运营效率。可以借鉴精益管理、敏捷开发等先进理念，打破部门壁垒，建立扁平化、模块化的组织架构。同时，要充分运用大数据、人工智能等新兴技术，提高运营管理的数字化、智能化水平，实现精准决策和动态优化。通过持续优化运营机制，文化企业可以更灵活地响应市场变化，把握发展机遇。

创新管理与运营机制的有机融合，是提高文化企业生存发展能力的必由之路。创新管理为企业发展注入不竭动力，优化运营则为创新成果的转化提供坚实保障。二者相辅相成，缺一不可。文化企业要注重创新管理与运营机制的协同配合，在创新的基础上优化运营，在优化的过程中催生创新。如此，才能形成良性循环，不断提升企业核心竞争力。

文化企业在推进创新管理与运营机制建设的过程中，还要高度重视人才培养和团队建设。人才是创新的根本，团队是运营的基础。企业要加大人才引进力度，完善人才培养机制，为创新发展提供智力支撑。同时，要注重跨部门、跨领域的团队协作，发挥集体智慧，提高运营效率。只有锻造一支高素质、善创新、会协作的人才队伍，文化企业的生存发展才有坚实保障。

创新管理与运营机制建设是一项系统工程，需要文化企业持之以恒、久久为功。在这一过程中，企业要立足自身实际，因地制宜、因企制宜地探索实践，不断积累经验、优化完善。同时，要主动对标行业标杆，学习借鉴先进理念和成功模式，为自身发展提供启示。只有坚持不懈地推进创新管理与运营机制建设，文化企业才能在激烈的市场竞争中立于不败之地，实现可持续发展。

文化企业作为推动文化产业创新发展的生力军，必须以更大的勇气和决心推进创新管理与运营机制建设，以更加开放包容的姿态拥抱变革，以更加昂扬向上的精神状态投身创新实践。

（二）开发新增长点

创新是文化产业实现可持续发展的重要驱动力。面对日新月异的市场环境，文化企业只有不断开发新的增长点，才能在激烈的竞争中立于不败之地。在这一过程中，创新发挥着至关重要的作用，它为文化产业的发展注入了源源不断的活力。

从内容创新的角度来看，文化企业需要紧跟时代脉搏，洞察消费者需求的变化，不断推陈出新。当前，随着科技的进步和生活方式的改变，人们对文化产品和服务的期待也在不断提升。他们不再满足于单一、刻板的内容，而是渴望更加多元化、个性化、互动性强的文化体验。因此，文化企业必须突破传统思维的桎梏，大胆尝试新的内容形式和表现手法，用创新的文化产品和服务吸引消费者的目光。例如，在数字出版领域，一些出版社积极探索融合多媒体、虚拟现实等技术的新型出版物，让读者以更加生动、立体的方式感受知识的魅力。这些创新不仅拓宽了数字出版的边界，也为出版业注入了新的发展动能。

从业态创新的角度来看，文化企业需要积极拥抱新技术、新模式，探索产业边界的突破和延伸。在互联网时代，文化消费的场景和方式正在发生深刻变革。线上和线下、虚拟与现实的界限日益模糊，跨界融合成为文化产业发展的大势所趋。在这样的背景下，一些文化企业勇于打破传统业态的局限，积极布局新兴领域，构建起覆盖线上线下、涵盖多种业态的文化生态圈。例如，一些主题公园企业不再局限于线下实体园区的运营，而是积极向线上拓展，通过数字化展示、在线互动等方式，为游客提供沉浸式的文化体验。这种跨界融合不仅延伸了主题公园的触角，也开辟了文化消费的新空间。

从商业模式创新的角度来看，文化企业需要积极探索新的盈利方式和运营机制。在传统的文化产业中，收入主要来自版权销售、门票收入等单一渠道。然而，随着消费者需求的多样化和市场竞争的加剧，这种单一的商业模式已经难以为继。为了实现可持续发展，文化企业必须拓宽新的盈利渠道，建立多元化的商业模式。例如，一些影视公司不再局限于电影票房，而是通过衍生品开发、品牌授权等方式，挖掘IP的多元价值。同时，他们还积极探索会员制、众筹等新型运营模式，通过与消费者的深度互动，提升用户黏性和品牌忠诚度。这些商业模式的创新，为影视产业注入了新的活力，提升了企业的抗风险能力。

创新是一个系统工程，它涉及文化产业的方方面面。无论是内容创新、业态创新，还是商业模式创新，都需要文化企业保持开放包容的心态，以创新的思维和勇气，不断探索产业发展的新路径、新领域、新模式。只有这样，文化产业才能焕发出更加蓬勃的生机，实现更高质量、更有活力的发展。

第二节　文化产业创新的驱动因素

一、技术进步对文化产业创新的推动

（一）数字媒体技术的发展

数字媒体技术的快速发展，正在深刻改变着文化内容的生产与分发模式。传统的内容生产与传播方式受到了前所未有的冲击，同时也迎来了新的发展机遇。数字化、网络化、智能化等技术特征为内容生产注入了新的活力，极大拓展了文化产品的表现形式和传播渠道。

在内容生产环节，数字媒体技术为创作者提供了更加先进、便捷的工具。

计算机图形图像处理、虚拟现实、增强现实等技术的应用，使得影视、动漫、游戏等文化产品的制作更加精细和逼真。三维建模、动作捕捉等技术则大大提高了创作效率，降低了制作成本。人工智能技术的发展为内容生产带来了革命性变化。智能算法可以自动生成文案、配乐、剪辑视频等，甚至能够创作出诗歌、绘画、音乐等艺术作品。这使得内容生产不再是少数专业人士的专属领域，普通大众也能借助智能工具参与文化创意。

在内容分发环节，数字媒体技术打破了传统的时空限制，实现了文化产品的全球化、即时化传播。移动互联网、社交媒体的普及，使得内容分发渠道更加多元化、碎片化。人们可以随时随地通过智能手机、平板计算机等终端设备，便捷地获取海量的文化资源。流媒体技术的发展，更是颠覆了音频、视频等内容的传播模式。用户不再需要下载和存储，而是可以实时在线欣赏高清、超清的影视作品。大数据、云计算等技术的应用，让内容分发更加精准和个性化。文化企业可以根据用户的偏好、习惯，实现千人千面的智能推荐，提供量身定制的文化服务。

数字媒体技术在促进文化内容生产与分发变革的同时，也对传统文化业态带来了一定的冲击和挑战。网络版权侵权、数字鸿沟、信息茧房等问题日益凸显。如何在技术发展与文化传承之间寻求平衡，构建良性健康的数字文化生态，是摆在文化产业面前的一道亟待破解的难题。

（二）人工智能与大数据

人工智能与大数据技术的快速发展，正在深刻影响着文化产业的创新格局。借助人工智能算法和海量数据资源，文化企业能够更加精准地洞察用户需求，提供个性化的内容和服务，开辟文化消费的新蓝海。

数字时代，内容生产和传播模式正在发生革命性变革。人工智能技术为内容创作注入新的活力，它通过对海量数据的挖掘和分析，能够智能生成符合用户喜好的个性化内容。例如，人工智能可以根据用户的阅读历史、搜索记录等数据，精准推送用户感兴趣的文章、视频、音乐等。这种“千人千面”的个性化服务模式，极大地提升了用户体验，激发了文化消费潜力。与此同时，人工智能还能协助创意人员进行内容创作，如自动生成文案、音乐、视频素材等，提高内容生产效率和质量。

大数据技术为文化企业提供了洞察用户行为和偏好的全新视角。通过对用户在互联网上留下的海量“数字足迹”进行分析，企业能够精准把握目标受众的特征、需求和行为模式，从而制定更加有针对性的创新策略。例如，视频网站可以通过分析用户的观看行为数据，发现不同人群的喜好差异，进而为其推荐个性化的视频内容。出版机构可以根据读者的阅读数据，优化选题策划和营销推广方案。这种基于数据驱动的精准营销和服务模式，正成为文化企业提升竞争力的关键。

人工智能与大数据的结合，促进了文化产品形态的创新和业态的融合。例如，AI 虚拟主播、智能音乐推荐系统、沉浸式游戏体验等，都是技术赋能文化创新的成功案例。同时，跨界融合也成为文化产业发展的新趋势。通过挖掘用户在不同场景下的行为数据，企业可以实现线上线下、跨屏、跨界的无缝连接，创造沉浸式、交互式的文化消费体验。这种创新不仅拓展了文化内容的表现形式，也为传统文化业态注入了新的活力。

在个性化内容与服务创新的同时，人工智能和大数据技术也对文化企业的运营模式和商业逻辑提出了新的挑战。海量的用户数据固然是企业的宝贵资源，但如何在尊重用户隐私、保障数据安全的前提下进行应用，需要企业高度重视。算法推荐可能加剧“信息茧房”效应，限制用户接触多元化信息的机会。因此，在应用智能算法的同时，企业还需努力创造开放包容的文化生态，为用户提供丰富均衡的精神食粮。

（三）网络技术的提升

网络技术的快速发展深刻影响着文化产业的创新。互联网为文化产业提供了一个全新的传播平台和互动空间，使得文化产品的生产、传播和消费方式发生了革命性变革。网络不仅拓宽了文化产品的传播渠道，提高了文化产品的可及性，更重要的是，它为文化产品注入了前所未有的互动性，使得文化生产者与消费者之间能够实现直接对话和深度交流。在网络空间中，消费者不再是被动的接受者，而是能够参与文化产品的生产和传播过程，成为文化创新的重要主体。这种互动性极大地激发了消费者的参与热情和创造潜力，为文化产业注入了源源不断的创新动力。

网络技术的发展还促进了文化产业的跨界融合和业态创新。在互联网时代，不同文化门类之间的界限日益模糊，文学、影视、音乐、游戏等领域相互渗透，催生出一系列新的文化业态和产品形态。网络文学、网络音乐、网络游戏、短视频等新兴文化业态应运而生，成为文化产业发展的新增长点。这些新业态充分利用网络技术的优势，实现了内容生产、传播和变现方式的创新，极大地丰富了人们的文化生活，满足了消费者多元化、个性化的文化需求。同时，网络技术还促进了文化产业与其他产业的融合发展，如文化与科技、文化与金融、文化与旅游等跨界融合日益深入，催生出一批具有市场竞争力的新业态和新模式，为文化产业注入了新的发展动能。

网络技术的发展还为文化“走出去”、讲好中国故事提供了广阔平台。互联网打破了地理空间的限制，使得优秀的中华文化能够通过网络快速传播到全球各地。在网络空间中，海内外中华儿女能够共享中华文化资源，增进彼此了解和认同。一大批体现中华文化独特魅力的网络文学、网络影视剧、网络音乐等文化产品走出国门，吸引了大量海外受众，有力提升了中华文化的国际影响力。同时，互联网也为讲好中国故事、传播当代中国价值观念提供了高效途径。通过网络平台，我们能够积极发出中国声音，塑造可信、可爱、可敬的中国形象，增强中国文化软实力，为构建人类命运共同体贡献智慧和力量。

在网络时代，文化产业呈现互动性强、融合性高、国际化程度深等显著特点。网络赋予文化产品以崭新的表现形式和传播方式，激发了人们的文化创造热情。各种新兴文化业态不断涌现，新的文化消费需求持续释放，为文化产业注入了蓬勃生机。与此同时，中华优秀文化借助网络平台走向世界，为人类文明进步贡献了中国智慧。在新的历史条件下，文化产业创新任重道远。我们要紧跟时代步伐，发挥网络技术优势，不断推动文化产业转型升级，深化供给侧结构性改革，推动文化事业和文化产业高质量发展，不断满足人民日益增长的美好生活需要。

二、市场需求变化对文化产业创新的引导

（一）消费者行为演变

随着移动互联网与数字技术的飞速发展，消费者行为正经历着深刻变革。网络购物、移动支付、社交媒体等新兴消费方式不断涌现，重塑了人们的消费习惯和生活方式。这一趋势不仅为文化产业带来了前所未有的机遇，也对其创新发展提出了更高要求。

移动互联网打破了时空限制，极大地拓宽了文化产品和服务的传播渠道。借助手机、平板计算机等移动终端，消费者可以随时随地浏览网络小说、观看网络视频、收听有声读物，享受丰富多元的文化生活。这种便捷化、碎片化的

消费模式，催生了大量适配移动场景的文化新业态，如短视频、微电影、移动游戏等。文化企业必须顺应这一趋势，加快内容形态和传播方式创新，提供更加贴近用户需求的个性化服务。

大数据技术的发展，为文化企业洞察消费者需求、优化产品设计提供了有力支撑。通过采集和分析用户在移动端留下的海量数据，企业能够精准把握目标受众的偏好特征，实现千人千面的精细化运营。例如，视频网站可以根据用户的观影记录和评分，利用推荐算法实现个性化内容推送；出版社可以通过数据挖掘，发现潜在的畅销书选题。数字化转型已成为文化产业创新发展的必由之路。

移动社交平台的兴起，改变了文化产品传播和消费的社会语境。在微信、微博等社交网络中，用户不再是被动的信息接收者，而是积极的内容生产者和传播者。口碑效应在网络空间被无限放大，好内容可以通过用户自发分享实现病毒式传播。文化企业要善于利用社交媒体营销，通过粉丝经济、网红直播、开屏广告等方式，构建产品与用户之间的情感连接。同时，社交平台上海量的用户生成内容，也是文化创意的重要来源。挖掘和利用这些草根智慧，将有助于文化产品的创新升级。

新技术、新场景、新习惯的交互影响，正在重构文化消费的生态体系。文化产业要把握这一变革浪潮，主动拥抱互联网，加快数字化布局。一方面，要顺应消费者碎片化、移动化的阅读习惯，推出更多的短小精悍的内容形态，实现随时随地的文化消费。另一方面，要运用大数据、人工智能等新技术，洞察用户需求，为其提供个性化、智能化的文化服务。还要重视互联网社群的影响力，利用社交媒体平台与用户互动，增强文化产品的参与感和黏性。

（二）多元化的文化需求

随着文化产业的持续繁荣，消费者的文化需求日趋多元化，对文化产品和服务的期望也不断提升。在这一背景下，文化企业必须深入洞察细分市场的特点，创新文化内容和形式，方能在激烈的市场竞争中脱颖而出，赢得消费者的青睐。

文化消费群体的多样性是推动文化产业创新的重要动力。不同年龄、性别、职业、收入、地域的消费者对文化产品和服务有着迥异的偏好和需求。年青一代追求个性化、互动性和沉浸式的文化体验，中老年人则偏好传统、经典和养生类的文化内容。高收入群体对文化产品和服务的品质要求更高，而低收入群体则更看重性价比。不同地域的消费者受本地文化传统、生活方式的影响，对文化产品和服务也有着差异化的期待。文化企业只有深入分析不同细分市场的特点，才能有的放矢地开发出满足其需求的创新性文化产品。

技术进步为文化企业精准把握细分市场需求提供了有力支撑。大数据、人工智能等新兴技术的应用，使企业能够从海量的用户行为数据中挖掘有价值的信息，洞察不同消费群体的兴趣爱好和消费习惯。这为企业制定差异化的内容策略和营销方案奠定了基础。例如，视频平台通过对用户观看行为的分析，发现二次元群体对 ACGN 内容有着强烈的需求，从而重点布局动漫、游戏等垂直领域，打造出一系列现象级 IP。个性化推荐算法的应用，也让文化企业能够根据用户的兴趣特征，精准推送其感兴趣的内容，提升用户体验和忠诚度。

创新文化内容和形式是吸引细分市场用户的关键。一方面，文化企业需要根据不同细分市场的喜好，开发贴近其生活实际、引起情感共鸣的文化内容。例如，针对都市白领群体，制作反映职场生活、展现人生百态的影视剧；针对银发族群体，创作体现传统文化底蕴、引导积极生活态度的综艺节目。另一方面，创新表现形式也是吸引眼球、引发话题的有效途径。融合多种艺术样式、运用沉浸式体验技术、开发衍生产品，都能够拓宽文化产品的传播渠道，提升其影响力。优秀的案例包括综合运用漫画、动画、游戏、音乐等多种形式的国漫 IP，以及结合 VR/AR 技术，打造沉浸式体验空间的文创项目等。

精细化运营是提升文化产品和服务竞争力的必由之路。细分市场用户需求的变化十分迅速，这就要求文化企业建立敏捷高效的响应机制。通过持续跟踪用户反馈，优化产品功能和服务体验，推出迭代升级的产品版本，文化企业方能紧跟市场脉搏，巩固用户黏性。同时，针对细分市场用户的特点，量身定制个性化服务方案，也是提升用户满意度和忠诚度的有效举措。例如，为高端用户提供专属客服、优先体验权、线下活动邀请等增值服务，能够有效拉近企业与用户的距离，培育品牌拥趸。

（三）跨界融合的影响

跨界融合为文化产业创新注入了新的活力和动力。随着科技的飞速发展和社会的不断进步，传统的文化产业已经难以满足人们日益增长的精神文化需求。跨界融合为文化产业创新提供了广阔的空间和无限的可能，成为推动文化产业高质量发展的重要途径。

从内容创新的角度来看，跨界融合有助于打破不同艺术门类、不同文化领域之间的壁垒，实现优势互补、资源共享。通过将不同艺术形式、不同文化元素有机结合，可以创造出独具特色、引人入胜的文化产品。比如，将传统戏曲与现代舞台技术相结合，可以焕发经典艺术的生命力；将民族音乐与流行元素相融合，可以吸引更多年轻受众。跨界融合为文化内容创新提供了取之不尽、用之不竭的素材和灵感，极大地拓宽了文化产业的表现空间。

从形式创新的角度来看，跨界融合为文化产品的呈现方式带来了革命性的变革。数字技术、虚拟现实、人工智能等新兴技术与文化创意的交叉融合，催生出沉浸式体验、互动式参与等新颖的文化消费模式。观众不再是被动的欣赏者，而是能够实时影响故事走向、与虚拟角色互动的“参与者”。这种身临其境的体验大大增强了文化产品的吸引力和感染力。同时，数字化手段也使得优秀文化资源的传播更加便捷高效，让更多人能够随时随地欣赏到高品质的文化大餐。

从产业融合的角度来看，文化产业与其他产业的跨界融合正在成为大势所趋。文化创意与旅游、体育、科技等产业的深度融合，不仅拓宽了文化产业的发展空间，也为相关产业注入了新的活力。比如，主题公园将文化创意与旅游休闲完美结合，不仅提升了游客体验，也创造了巨大的经济效益；电竞赛事将游戏文化与体育精神相融合，不仅吸引了海量粉丝，也催生了一系列衍生产业。产业融合使得文化要素向多个领域渗透，极大地放大了文化产业的市场规模和影响力。

然而，跨界融合在为文化产业创新带来机遇的同时，也对文化企业提出了更高的要求。首先，跨界融合需要文化企业具备开放包容的心态和前瞻创新的眼光，主动寻求多元化的合作，积极引入先进理念和技术。其次，跨界融合对企业的资源整合能力提出了挑战，需要协调不同部门、不同领域的人才，打造高效协作的创新团队。最后，跨界融合也意味着更加激烈的市场竞争，文化企业必须不断提升核心竞争力，用高质量的内容和服务赢得消费者的青睐。

三、行业竞争对文化产业创新的促进

（一）竞争格局分析

在当前激烈的市场竞争环境下，企业要想获得持续发展的动力，必须形成自身独特的竞争优势。这种竞争优势不仅包括产品或服务的差异化，更涵盖了企业在资源整合、管理模式、创新能力等方面的综合实力。只有深入分析企业内外部环境，明确自身定位，才能在竞争中立于不败之地。

竞争格局分析是企业制定发展战略的重要基础。通过对行业内主要竞争对手的实力评估，企业可以全面把握自身所处的市场地位和面临的机遇与挑战。这种分析不仅要关注竞争对手的产品、价格、渠道等表层因素，更要洞察其背后的核心资源、能力和战略意图。只有对竞争格局有了清晰认知，企业才能因势利导，发挥自身优势，规避潜在风险。

资源禀赋是企业构建竞争优势的根本。优秀的企业善于整合内外部资源，将分散的要素转化为独特的竞争力。这种资源可以是有形的，如先进的生产设备、雄厚的资金实力、完善的销售网络等；也可以是无形的，如专有技术、品牌声誉、管理经验等。关键在于企业要建立起一套行之有效的资源整合机制，使各种资源实现“1＋1＞2”的聚合效应，形成难以模仿和替代的核心竞争力。

管理模式创新是企业打造差异化优势的重要手段。传统的金字塔式等级管理已经难以适应当今瞬息万变的市场环境，柔性化、扁平化、网络化的组织结构和管理方式正在兴起。这种创新不仅提高了企业的反应速度和决策效率，也为员工的主动性和创造力提供了施展空间。管理模式的创新还体现在与利益相关方的关系维护上，如供应商合作、用户参与等，既丰富了企业的外部资源，又增强了企业的社会责任感和美誉度。

技术创新能力是企业赖以生存和发展的核心竞争力。在知识经济时代，技术进步日新月异，产品生命周期不断缩短，企业唯有通过持续不断的创新，才能保持领先地位。这种创新不仅包括产品和服务的推陈出新，也包括流程再造、商业模式变革等。要成为创新型企业，必须营造鼓励创新的文化氛围，建立完善的创新激励机制，加大研发投入力度，重视高端人才的引进和培养。唯有如此，企业才能在激烈的市场竞争中脱颖而出。

（二）商业模式竞争

在激烈的市场竞争环境中，创新商业模式成为文化企业突破发展瓶颈、实现跨越式增长的关键所在。传统的文化产业商业模式往往以内容生产和发行为核心，强调知识产权开发和授权，但这种模式已经难以适应数字化时代消费者需求的快速变化。为了在新的竞争格局中抢占先机，文化企业必须深入洞察用户需求，不断优化和创新商业模式，重塑产业价值链，开拓新的盈利增长点。

商业模式创新可以从多个维度展开，包括产品创新、渠道创新、营销创新、服务创新等。以游戏行业为例，传统的游戏商业模式主要依靠销售游戏软件获取收入，但随着免费游戏模式的兴起，游戏内付费、广告植入、周边衍生品销售等多元化盈利方式应运而生。游戏企业通过游戏内容和玩法的持续更新，深度运营玩家社区，提供个性化增值服务，不仅大幅提升了用户黏性和付费意愿，也创造了可观的经济效益。类似地，在泛娱乐领域，影视、动漫、文学等内容形态的跨界融合日益频繁。通过 IP 的跨平台、跨产业开发，文化企业能够实现内容价值的最大化，触达更广泛的用户群体，带动整个产业链的协同发展。

数字技术的广泛应用也为文化产业商业模式创新提供了新的可能。大数据、人工智能等技术可以帮助企业精准把握用户画像和消费行为，实现内容的智能推荐和个性化定制；云计算、区块链等技术则有助于优化内容存储、版权保护、交易结算等环节，提升产业运行效率。在技术赋能下，文化企业能够更加高效、精准地连接内容生产者和消费者，重塑产业价值网络，开创全新的商业模式。

四、企业家精神对文化产业创新的引领

（一）创新领导力

在创新领域，企业家的领导力发挥着举足轻重的作用。作为组织变革的引领者和推动者，优秀的企业家能够以敏锐的洞察力和前瞻性思维，引领企业突破既有发展模式，开辟创新发展之路。

杰出的企业家领袖往往具备卓越的战略眼光。他们能够站在行业发展的前沿，洞悉市场趋势和消费者需求的变化，抓住新兴产业和领域的机遇。基于对未来的准确判断，企业家能够制定符合时代发展潮流的战略规划，为企业的创新发展指明方向。以乔布斯为例，他以非凡的远见卓识预见到了智能设备时代的到来，率先推出 iPhone 和 iPad 等革命性产品，引领了移动互联网产业的崛起。正是凭借着这种前瞻性思维，苹果公司在他的带领下成为全球最具创新力的科技企业。

企业家领导力的另一重要体现是变革意识和创新精神。面对瞬息万变的市场环境，企业家敢于打破常规，挑战现状，以变革的勇气推动组织的创新发展。他们鼓励员工突破思维定式，尝试新的工作方式和商业模式，营造鼓励创新、宽容失败的企业文化氛围。正如亚马逊 CEO 贝索斯所言："创新源于你愿意接受失败。"在他的领导下，亚马逊从一家在线书商成长为涵盖零售、云计算、人

工智能等多个领域的科技巨头，其成功的背后正是以变革精神为内核的创新文化。

优秀的企业家领袖还具有整合资源的能力。创新往往需要跨部门、跨领域的协同合作，需要整合内外部各方面的资源。企业家要善于发现和盘活企业内部的创新资源，打造多元化的创新团队。同时，他们还要积极拓展外部合作，与高校、科研机构建立产学研合作关系，吸引外部的智力和技术资源为企业创新服务。正如华为公司创始人任正非所言："开放、合作、共赢是华为的核心价值观。"在他的带领下，华为积极实施全球化人才战略，与全球顶尖高校和科研机构开展深度合作，充分整合全球创新资源，使华为跃升为全球电信设备和智能手机行业的佼佼者。

企业家领导力绝非仅仅体现在技术和商业层面。优秀的企业家领袖还肩负着重要的社会责任，他们以企业发展回馈社会，践行可持续发展理念。阿里巴巴集团积极投身于扶贫、环保、教育等社会公益事业，树立了负责任、有担当的企业家形象。企业家以身作则，引领企业履行社会责任，这不仅是一种道德情操，更彰显着一种文化自觉。

（二）风险承担与资源整合

在文化产业创新的过程中，企业家的风险承担和资源整合能力发挥着至关重要的作用。面对不确定的市场环境和瞬息万变的消费需求，企业家需要勇于承担风险，敢于尝试新的商业模式和创意产品。这种开拓进取的精神是推动文化产业创新的内在动力。企业家需要敏锐洞察市场机遇，积极开发新的文化业态，探索跨界融合的创新路径。这往往意味着投入大量资金、人力和时间，面临较高的失败风险。但正是凭借这种无畏的冒险精神，许多文化企业才能突破传统发展瓶颈，实现转型升级。

企业家还需要具备卓越的资源整合能力，调动内外部各种资源，为新项目的推进提供有力支撑。这包括筹措资金、引进人才、建立合作关系等。文化创意产业具有高度的人才密集型特点，创新的源泉在于人才队伍。因此，企业家应高度重视人才引进和培养工作，搭建有利于创意人才成长的平台。通过与高校、科研机构、行业组织等建立紧密联系，企业家能够获取更多外部资源，拓宽创新视野。

要成功推进文化产业创新项目，企业家还需要展现出色的领导力和执行力。一方面，企业家要制定清晰的发展战略，明确创新方向和目标。通过凝聚团队共识，激发员工创造力，企业家能够形成强大的组织动力。另一方面，企业家要亲力亲为，深入一线，带领团队攻坚克难。创新项目往往充满挑战和困难，需要企业家以身作则，迎难而上。只有将战略落实到具体行动中，创新项目才能真正落地生根。

企业家还应高度重视文化产业创新的社会责任和文化内涵。文化产品不同于一般商品，它承载着丰富的价值观念和人文精神。企业家要以高度的文化自觉，坚守社会主义核心价值观，弘扬中华优秀传统文化。在追求经济效益的同时，文化企业更应注重社会效益，推出思想性、艺术性、观赏性俱佳的优秀文化产品。唯有如此，企业的品牌形象和美誉度才能得到持续提升。

（三）企业家的社会责任与文化影响力

企业家精神是推动文化产业创新发展的重要引擎。在新时代背景下，企业家不仅要承担创新创业的重任，更要勇担社会责任，塑造良好的企业文化和品牌形象。一个负责任、有担当的企业家，必须将个人理想、企业发展与社会进步紧密结合，在追求经济效益的同时，更加注重社会效益和文化影响力的提升。

企业家要树立正确的价值观和道德观，把社会责任融入企业文化和经营理念之中。诚信经营、依法纳税是企业应尽的基本义务，但仅仅做到这些还远远不够。优秀的企业家应该主动承担更多社会责任，投身公益慈善事业，回馈社会，造福人民。同时，企业家还要注重塑造企业的文化内涵和精神品格，以高尚的企业家精神引领企业文化建设，打造积极向上、充满活力的组织氛围。

企业家要以身作则，率先垂范，用自己的言行影响和带动全体员工。一个企业的文化和价值观，很大程度上取决于企业领导者的素质和修养。企业家要做文化自信的践行者和传播者，大力弘扬中华优秀传统文化，传承创新民族精神。要严于律己，堂堂正正做人，清清白白做事，以良好的个人品德赢得社会各界的尊重和信赖。要关心爱护员工，切实维护员工的合法权益，努力营造公平公正、和谐稳定的用工环境，提升员工的获得感和幸福感。

企业家要高度重视品牌建设，努力塑造企业良好形象。在现代市场经济条件下，品牌已经成为企业的核心资产和竞争力所在。优秀的企业家应该具有前瞻性的战略眼光，立足长远，精心打造企业品牌。要从企业使命、愿景、核心价值观入手，系统规划企业的品牌战略，并在生产经营的各个环节狠抓落实。要重视产品和服务质量，不断改进工艺，提升品质，让消费者买得放心、用得舒心。要加强品牌宣传和公关维护，讲好品牌故事，传播品牌文化，提升品牌美誉度和影响力。

企业家要主动担当文化使命，积极传播先进文化。在经济全球化的今天，文化软实力已经上升为国家竞争力的重要方面。作为社会精英阶层的企业家，理应成为中国优秀文化的代言人和传播者。要博采众长，借鉴吸收人类文明的优秀成果，用国际视野和现代理念武装自己。更要立足本土，扎根人民，大力弘扬中华民族的传统美德和当代价值，塑造展现东方大国风范的文化品牌。要创新文化表达，拓展文化传播渠道，让中国声音、中国故事、中国智慧在世界范围内传播，不断提升中国文化的国际影响力。

第三节　文化产业创新的过程模型

一、创新构思与创意产生阶段

（一）情境分析与创新诱因识别

文化产业创新的构思与创意产生阶段，是一个复杂而关键的过程，需要深入分析内外部环境因素，充分激发创新主体的灵感和潜力。从外部环境来看，市场需求、技术进步、政策导向等因素在很大程度上决定了文化产业创新的方向和重点。一方面，市场需求是推动文化产业创新的根本动力。随着社会经济的发展和人民生活水平的提高，大众对文化产品和服务的需求日益多元化、个性化、高品质化。文化企业只有紧跟市场动向，深入洞察消费者需求，才能推出满足大众品味、引领消费趋势的创新成果。另一方面，新技术的出现和应用为文化产业创新提供了广阔空间。数字技术、网络技术、人工智能等现代科技的发展，极大拓宽了文化生产、传播、消费的边界，催生出诸多新业态、新模式。文化企业应积极拥抱技术革新，将先进技术融入创意策划、内容生产、产品开发等环节，推动形式创新、内容创新和商业模式创新。国家战略部署和产业政策导向也是影响文化产业创新的重要外部因素。党和国家高度重视文化产业发展，出台了一系列扶持政策和改革措施，为文化产业创新营造了良好的制度环境。文化企业要主动对接国家战略，把握政策机遇，在内容导向、模式创新等方面先行一步，推出传递社会主义核心价值观、反映时代精神的优秀文化产品。

从内部环境来看，文化企业自身的创新文化、人才队伍、管理机制等因素，在很大程度上影响和决定了创意构思的质量和水平。首先，营造鼓励创新、宽容失败的企业文化氛围至关重要。创新从来都不是一蹴而就的，它需要经历大量尝试、摸索、试错的过程。唯有在包容失败、鼓励冒险的文化氛围中，员工的创造力才能得到充分释放。因此，文化企业要建立健全创新激励机制，在物质和精神两个层面调动员工的创新积极性。其次，打造一支高素质、多元化的创意人才队伍是创新构思的关键。创意源于人，优秀的创意人才是文化企业的核心竞争力。文化企业应完善人才选拔、培养、使用机制，不拘一格吸纳各类优秀人才，搭建员工成长发展平台，最大限度地激发员工创造力。同时，要打破部门樊篱，促进跨界融合，让不同专业背景、知识结构的人才在交流碰撞中产生创意火花。科学高效的管理机制也是保障创意构思质量的重要因素。灵活的组织架构、快速的反应机制、民主的决策程序，都有利于创意的生成和优化。文化企业要建立扁平化、网络化的创意管理体系，根据不同项目灵活组建跨部门的创意小组，实行快速迭代、敏捷开发，提高创意成果转化效率。

文化产业创新的构思与创意产生阶段，是一个受内外部多重因素影响的动态过程。文化企业只有准确把握市场需求导向，积极拥抱技术进步，主动对接国家战略，营造创新文化氛围，打造高素质人才队伍，建立科学管理机制，才能不断推出引领行业发展的创新成果，在激烈的市场竞争中赢得先机。在新时代背景下，加快文化产业创新步伐，推动文化事业和文化产业高质量发展，对于满足人民日益增长的美好生活需要，建设社会主义文化强国，具有十分重要的意义。

（二）创意策划与构思方法

在文化产业创新的构思与创意产生阶段，创意策划与构思方法发挥着关键作用。创意策划是一个系统化的过程，它包括对创意需求的分析、创意主题的确定、创意元素的提炼、创意方案的生成等多个环节。在这一过程中，创意工作者需要运用各种有效的构思方法，激发创造性思维，孕育出新颖独特的创意。

头脑风暴是一种常用的集体创意构思方法。通过这种方法，创意团队成员可以在轻松愉悦的氛围中畅所欲言，提出各种天马行空的想法和灵感。在头脑风暴过程中，成员之间的思维碰撞往往能产生意想不到的创意火花。与此同时，头脑风暴还能增进团队的凝聚力和协作精神，为创意项目的顺利实施奠定基础。

类比思维也是一种有效的创意构思策略。它强调跨领域、跨学科的知识融合与迁移，通过对不同事物之间相似性的捕捉，激发出新颖独特的创意灵感。例如，艺术家可以从自然界的造型中汲取设计灵感，将花草树木的形态元素融入产品设计；广告创意人员可以借鉴戏剧、电影的叙事手法，创作出引人入胜的广告故事。运用类比思维，能够突破思维定式，开拓更加广阔的创意空间。

联想构思法、矛盾构思法、移植构思法等也都是行之有效的创意策划技巧。联想构思法注重发散性思维，通过建立事物之间的内在联系，不断延伸、扩展创意的外延和内涵。矛盾构思法则强调对事物矛盾的分析与把握，通过矛盾的发现与解决，寻求创新的突破口。移植构思法主张将不同领域的创意元素移植、嫁接到新的语境中，孕育出独特新颖的创意组合。

创意构思不是一蹴而就的，它往往需要一个反复探索、迭代优化的过程。创意工作者要勇于尝试，敢于质疑，以开放包容的心态对待每一个创意灵感。同时，还要注重创意方案的可行性评估，综合考虑市场需求、技术条件、成本预算等因素，适时对创意方案进行完善和调整，确保其能够真正转化为具有价值的文化产品和服务。

（三）从观念到初步构想

在创新构思和创意产生阶段，将抽象的创意观念转化为可行的初步构想是一个至关重要的环节。这一过程需要创新主体在深入分析情境、明确创新诱因的基础上，运用科学的策划技巧和构思方法，激发创造性思维，捕捉灵感火花，最终形成切实可行的创意方案雏形。

创意观念到初步构想的转化过程，实质上是创新主体主观意识与客观世界相互作用、不断调适的过程。创新者需要站在更高的视角，透过纷繁复杂的表象把握事物的本质规律，从而找到富有创造性的切入点和突破口。同时，这一过程也离不开想象力的驱动和逻辑思维的引导。丰富的想象力有助于打破思维定式，拓宽思路空间，而严密的逻辑思维则能够保证创意构想的合理性和可行性。二者相辅相成，共同推动创意的生成和发展。

具体而言，从创意观念到初步构想的转化可以遵循以下路径：

第一，对创意观念进行细化和具体化。创意观念往往比较宏大和抽象，需要进一步分解和明确，使其更加具体和可感。这就要求创新者深入剖析创意观念的内涵，挖掘其中蕴含的创新点和亮点。

第二，对创意观念进行可行性论证。任何创意都不能脱离现实基础，必须经过严格的可行性分析和论证。创新者要充分考虑技术、成本、市场等因素对创意实施的影响，权衡创意的可行性和风险性。

第三，对创意观念进行优化和完善。初步形成的创意构想往往还比较粗糙，需要进一步打磨和改进。创新者要虚心听取不同意见，广泛吸收有益建议，不断优化完善创意方案，提高其成熟度和可执行度。

从创意观念到初步构想的转化是一个动态迭代的过程，往往需要经过多轮探索和修正才能最终成型。这就要求创新主体保持开放和进取的态度，不断突破思维樊篱，敢于质疑和否定，勇于试错和创新。只有这样，才能在纷繁复杂的创意空间中捕捉到真正具有颠覆性和引领性的创新构想。

二、创新方案设计与实施阶段

（一）创新方案的设计原则

创新方案设计直接影响创新活动的方向、质量和效果。在设计创新方案时，必须遵循一些基本原则，才能确保方案的科学性、可行性和有效性。

首要原则是目标导向。创新方案的设计必须紧紧围绕创新目标展开，明确创新活动要达成的具体目的，并据此提出切实可行的实施路径。目标的设定要基于对文化产业发展趋势、市场需求变化、技术进步方向等因素的深入分析，体现出前瞻性和引领性。同时，目标还要具有针对性和可衡量性，便于后续创新活动的开展和评估。

其次是系统思维。文化产业创新是一项复杂的系统工程，涉及创意策划、内容生产、渠道传播、商业变现等诸多环节。创新方案的设计必须基于对创新全过程的整体把握，统筹考虑各环节之间的逻辑关系和相互影响，形成系统化、一体化的解决方案。要善于运用系统论、信息论等理论工具，分析创新系统的结构和功能，优化资源配置，提高创新效率。

最后是以人为本。文化产业的核心是创意和人才，创新活动的主体是各类文化创意人员。创新方案的设计必须充分尊重人的主体地位，激发人的创造力和主动性。要营造宽松、包容的创新文化，完善人才培养、使用、评价和激励机制，为创新人才搭建施展才华的平台。要加强与创新群体的沟通互动，及时了解他们的所思所想，积极吸纳他们的意见建议。

跨界融合也是创新方案设计应遵循的重要原则。在数字时代，文化产业与科技、金融、旅游等行业的边界日益模糊，跨界融合已成为文化产业创新的重要特征。创新方案的设计要主动顺应这一趋势，积极探索跨界融合的路径和方式。一方面，要加强与其他行业的对话交流，学习借鉴其先进理念和成功经验；另一方面，要发挥文化产业的独特优势，为跨界融合注入文化基因和创意元素。

创新方案的设计还必须坚持精益求精、追求卓越。文化产业创新竞争日趋激烈，创新成果的生命周期不断缩短，用户对文化产品和服务的要求也越来越高。这就要求我们在设计创新方案时，必须坚持高标准、严要求，精雕细琢每一个细节，力求达到最佳效果。要广泛汲取国内外优秀案例的经验教训，持续优化完善创新方案，不断提升创新水平。

（二）实施计划与资源整合

实施创新方案是将抽象构想转化为具体行动的关键环节，需要制订周密的计划，整合各类资源，确保创新目标的顺利达成。在这一过程中，要明确创新方案的具体内容和实施步骤。这需要根据前期的创意构思，结合文化产业发展的实际需求，制订切实可行的行动方案。方案应包括明确的目标、时间表、责任分工、资源配置等要素，为创新实践提供清晰的路线图。

创新方案的实施离不开人力、物力、财力等多方面资源的整合与调配。文化创意产业具有智力密集型的特点，人才是最为宝贵的资源。因此，要根据创新方案的需要，组建一支跨领域、多层次的人才队伍，包括策划人员、设计师、技术专家、市场营销人员等。同时，还要统筹资金、设备、场地等物质资源，为创新活动提供必要的物质保障。

创新方案实施过程中难免遇到各种风险和挑战，需要建立完善的监督管理机制。一方面，要加强过程监控，及时发现和解决实施中的问题，确保创新活动沿着既定轨道有序推进。另一方面，要重视风险防范，对可能出现的技术、市场、政策等风险进行评估，制订应对预案，最大限度降低创新活动的不确定性。

创新方案的成功实施还需要营造良好的内外部环境。在组织内部，要建立鼓励创新、宽容失败的文化氛围，调动员工的积极性和创造性。在外部，要加强与政府部门、行业组织、合作伙伴等利益相关方的沟通协调，争取他们的理解和支持，为创新活动营造良好的制度和市场环境。

（三）监督执行与风险管理

在创新实施过程中，有效的监督执行和风险管理是确保创新项目顺利推进、实现预期目标的关键。监督执行是指在创新方案实施过程中，对各项任务和关键节点进行持续跟踪、督导和检查，及时发现和解决存在的问题。风险管理则是指对创新活动中潜在的不确定因素进行识别、评估和控制，最大限度地降低其负面影响。

具体而言，在创新方案实施过程中，应建立健全的监督执行机制。这需要明确监督主体、监督对象、监督内容和监督方式。监督主体通常包括创新项目负责人、专门的监督小组以及第三方评估机构等。监督对象则涵盖参与创新活动的各个部门和个人。监督内容应聚焦关键环节和重点任务，如进度控制、质量把关、成本管控等。监督方式可以灵活多样，如定期检查、抽样调查、现场督导等。通过科学规范的监督执行，能够及时发现创新实施过程中的偏差和问题，并采取有针对性的措施加以纠正和改进，确保创新活动沿既定轨道有序推进。

创新活动中往往存在诸多不确定因素，这些因素可能来自技术、市场、政策等方面，如果处置不当，极易引发创新失败。因此，全面、系统的风险管理必不可少。这需要遵循风险管理的基本流程，即风险识别、风险评估、风险应对和风险监控。在风险识别阶段，要全面梳理创新活动中可能面临的各种风险，如技术风险、财务风险、法律风险等。在风险评估阶段，要从发生可能性和影响程度两个维度对识别出的风险进行分析，判断其对创新活动的威胁程度。在风险应对阶段，要根据风险评估结果，制定有针对性的风险规避、风险转移、风险缓解等策略。在风险监控阶段，要对风险应对措施的执行情况进行跟踪和评价，必要时及时调整和改进。通过循环往复的风险管理过程，能够最大限度地控制创新活动中的不确定性，提高创新成功率。

有效的监督执行和风险管理还需要与创新主体的内部控制体系相结合。组织应建立健全内部控制制度，明确各部门和岗位的职责权限，规范业务流程和操作规程，加强对重点领域和关键环节的管控。同时，还应重视内部控制环境的营造，培育诚信、合规的组织文化，提高全员的风险意识和责任意识。只有将监督执行和风险管理内嵌到组织的内部控制之中，才能从根本上防范创新过程中的失控和失序。

监督执行与风险管理是创新实施阶段的两大核心任务，二者相辅相成、缺一不可。科学、有效的监督执行机制能够及时发现和解决创新过程中的问题，保障创新活动有序推进。全面、系统的风险管理流程则能够最大限度地规避和控制创新中的不确定因素，提高创新成功率。同时，将二者与组织内部控制体系相结合，能够从制度和文化层面为创新实施保驾护航。只有切实加强监督执行和风险管理，才能确保创新方案落到实处、创新目标顺利实现，推动文化产业实现高质量、可持续发展。

三、创新成果评估与优化阶段

（一）成果衡量标准与方法

文化产业创新成果的评估标准和衡量方法是一个复杂而多维度的议题。从成果的形式来看，文化产业创新成果可以是一部电影、一款游戏、一个艺术展览，也可以是一项技术专利、一个商业模式、一种管理方式。这些不同形式的创新成果，其价值体现和评估角度自然各不相同。因此，建立科学、合理的评估标准和衡量方法，对于准确把握文化产业创新成果的质量和影响力至关重要。

文化产业创新成果评估应坚持价值多元化原则。不同于一般商品，文化产品的价值不仅体现在经济效益上，更包括社会效益、文化效益、生态效益等多重维度。因此，评估文化产业创新成果，不能仅仅局限于收益情况，还要考察其在提升国家文化软实力、满足人民精神文化需求、促进文化事业繁荣发展等方面的贡献。只有坚持经济价值与社会价值并重，才能全面、客观地评判文化产业创新成果的真正价值。

构建多元主体参与的评估机制是衡量文化产业创新成果的重要方式。政府主管部门、行业协会、专业研究机构、消费者等，都是文化产业创新成果评估的重要主体。通过发挥各方面的积极性，汇聚多元评估视角，能够较为全面地考察创新成果的社会反响和市场表现。特别是要重视消费者的评价，积极运用大数据分析、问卷调查等方式，了解消费者对创新成果的认可度和满意度，以消费者需求为导向优化创新实践。

建立完善的评估指标体系是评判文化产业创新成果的关键环节。科学设置反映创新成果特点的量化指标和质性评价，是实现规范化、精细化评估的重要前提。一方面，可从内容原创性、艺术价值、传播影响力等维度，设定相应的量化考核指标；另一方面，要针对不同文化门类、不同发展阶段的创新成果，形成差异化的评判标准。通过建立涵盖面广、可操作性强的评估指标体系，能够为科学评判文化产业创新成果提供可靠依据。

注重动态评估和长期评估是把握文化产业创新成果价值的重要视角。文化产业创新成果的影响往往具有持续性和长期性，很多真正有价值的作品和项目，可能在短期内不被市场所认可，但经过时间的沉淀和检验，其价值会日渐凸显。因此，评估文化产业创新成果，不能简单地看重时下的流行度和关注度，而要放眼长远，跟踪创新成果的市场表现和社会反响，全面评判其可持续发展能力。只有建立常态化的跟踪评估机制，才能更加准确地发现和遴选出真正有价值的文化产业创新成果。

文化产业创新成果的评估和衡量是一项复杂的系统工程，需要坚持正确导向，遵循科学规律，完善体制机制。只有建立起兼顾经济价值和社会价值、突出多元主体参与、构建完善指标体系、重视动态评估和长期评估的评判机制，才能不断提升文化产业创新成果的质量，更好地发挥文化产业在国家发展大局中的战略性作用。

（二）成果分析与初步反馈

在创新成果评估与优化阶段，对创新成果进行全面、客观的分析和评估是至关重要的。这一过程不仅需要评估创新成果的实际效果，还要提供初步的反馈意见，为后续的优化完善提供方向和依据。具体而言，创新成果分析应从多个维度入手，包括创新的实用性、经济性、社会效益等。通过收集各方面的数据和信息，运用科学的分析方法，可以准确把握创新成果的优势和不足，判断其是否达到预期目标。

在分析过程中，需要特别关注创新成果的实际应用效果。这就要求评估者深入一线，通过观察、访谈、问卷调查等方式，了解创新成果在实际运作中的表现。只有切实掌握第一手资料，才能做出客观、准确的判断。同时，创新成果分析还应该注重利益相关方的反馈意见。这些意见来自创新成果的直接使用者、管理者和受益者，他们的感受和评价对于全面认识创新成果的价值有着重要参考意义。通过广泛听取不同主体的声音，可以更加全面、立体地认识创新成果的社会影响。

在综合分析的基础上，评估者需要提出初步的反馈意见。这些意见应该指出创新成果的主要优点和不足，并对后续优化的方向提出建议。反馈意见要客观、具体、建设性，避免笼统、空泛的表述。同时，反馈意见的提出要有理有据，用翔实的数据和案例作为支撑，提高其说服力和可操作性。只有这样，反馈意见才能真正为创新成果的持续优化提供有益指引。

在文化产业创新的过程模型中，成果分析与初步反馈环节发挥着承上启下的关键作用。通过科学评估创新成果的实际效果，提出有针对性的优化建议，可以推动创新从方案到实施再到成果的良性循环，不断提升文化产业创新的质量和水平。这对于增强我国文化产业的核心竞争力，推动社会主义文化繁荣发展具有重要意义。

（三）成果的持续优化策略

创新成果的持续优化是文化产业创新过程中至关重要的一个环节。在创新成果评估与反馈的基础上，需要采取有效的策略来不断改进和完善创新成果，以期最大限度地发挥其价值和影响力。

系统分析创新成果的不足是持续优化的前提。通过多维度、多角度地评估创新成果在内容、形式、功能等方面存在的问题和局限性，可以为后续的改进提供明确的方向和重点。这一过程需要综合运用定性和定量的研究方法，深入了解用户的真实需求和体验反馈，同时参考行业专家和同行的意见建议。只有在全面诊断的基础上，才能“对症下药”，有的放矢地开展优化工作。

制订循序渐进的优化方案是持续改进的关键。面对创新成果的种种不足，需要根据问题的轻重缓急，拟定阶段性的优化目标和路线图。优化方案要坚持“以人为本”的理念，将用户价值作为根本出发点，充分考虑其在文化背景、审美品位、消费习惯等方面的差异性。在此基础上，以“创新驱动”为核心导向，既要对创新成果的内容形式进行优化升级，又要在商业模式、传播渠道等方面寻求突破，实现创新的“加速迭代”。同时，优化方案还应该具有一定的开放性和包容性，预留后续完善的空间，为持续改进创造有利条件。

充分运用信息技术手段是优化创新成果的重要支撑。在信息技术飞速发展的当下，大数据、人工智能等科技创新日益深入文化产业的各个环节。将这些新兴技术融入创新成果的优化中，能够为精准分析用户需求、智能生成内容、个性化推荐服务等关键环节赋能，从而推动创新成果不断迭代升级。在实践中，可以借助大数据分析技术洞察用户行为，优化交互设计；或运用人工智能算法自动生成内容雏形，提升内容生产效率；又或搭建智能推荐引擎，实现精准营销。新技术的嵌入式应用将为创新成果赢得更大的发展空间。

引入外部力量参与也是优化创新成果不可或缺的途径。文化产业创新往往涉及多个领域和部门的协同，仅仅依靠内部力量难以全面推进。适时引入外部的专业团队、战略合作伙伴等，整合各方优势资源，形成“开放创新”的良性生态，对于持续不断地优化创新成果具有重要意义。可以考虑与高校、科研机构开展产学研合作，吸纳前沿理论成果；或者与行业龙头企业结成战略联盟，共享创新资源；抑或吸引社会资本参与项目孵化，拓展多元化融资渠道。一个开放、共享、合作的创新生态必将为创新成果的持续优化注入源源不断的新动能。

持续优化策略的实施需要建立科学规范的管理制度作为保障。制度是推动策略落地、规范优化行为的基本遵循。在优化实践中，需要明确责任分工，健全绩效评估，强化过程管控，实现全链条、全过程的精细化管理。同时，要树立“以创新求发展、以改革图强”的制度理念，既鼓励大胆探索，宽容失误，又防止盲目冒进，禁止抄袭剽窃等有悖创新的行为。在制度的规范和激励下，持续优化创新成果才能步入规范化、常态化的发展轨道。

四、创新成果转化与推广阶段

（一）转化渠道选择与战略布局

创新成果的转化渠道选择和战略布局是文化产业创新过程中至关重要的一环。在前期创意构思、创新方案设计与实施、创新成果评估与优化的基础上，如何选择合适的渠道将创新成果推向市场，并制定科学的战略布局，对于实现创新价值具有决定性意义。

从渠道选择的视角来看，文化产业创新成果的转化需要综合考虑产品属性、目标市场、受众特征等多重因素。对于具有较强互动性和体验性的创新产品，如沉浸式艺术展览、互动式文化旅游项目等，线下实体渠道往往能够提供更加直观、生动的感官体验，引发受众共鸣。而对于具有广泛传播性和普适性的创新内容，如数字出版物、流媒体视频等，线上渠道则能够突破时空限制，触达更广泛的受众群体。同时，线上线下渠道的融合发展已成为文化产业创新成果转化的重要趋势。通过线上渠道进行推广预热、信息聚合，引流至线下场景进行深度体验和消费转化，能够实现优势互补，提升转化效率。

在制定转化渠道战略布局时，文化企业需要立足自身资源禀赋和能力基础，审慎评估不同渠道的成本收益，进行动态优化调整。对于拥有雄厚资金实力和渠道资源的头部企业，布局全渠道矩阵，实现全方位覆盖或许是明智之选；而对于中小型文化企业而言，聚焦细分领域，重点发力特定渠道，或许更有利于集中优势资源，提升渠道运营效率。同时，文化企业还应重视渠道生态的构建与完善。通过与上下游合作伙伴建立战略联盟，共建渠道资源池，分享渠道数据，能够实现资源的高效配置和整合，降低渠道运营成本，提升创新成果转化效率。

文化企业在制定创新成果转化渠道战略时，还需重视品牌塑造与市场推广。品牌是创新成果的重要载体，也是吸引和维系消费者的关键纽带。文化企业要加强品牌战略规划，加大品牌营销投入，提升品牌美誉度和忠诚度。同时，还要善于运用市场推广手段，包括广告投放、公关活动、口碑营销等，增强创新成果的市场曝光度和影响力，为渠道转化创造有利条件。

针对不同类型的创新成果，文化企业还需因地制宜地制定差异化的渠道策略。比如，对于文化衍生品，可以借力电商平台、IP授权店等渠道，发挥长尾效应；对于文化创意服务，可以通过文创园区、创意市集等渠道，提供一站式解决方案；对于数字文化内容，可以依托视频网站、社交媒体平台等渠道，实现病毒式传播。只有精准匹配渠道属性与创新成果特点，才能实现渠道效用的最大化。

文化产业创新成果转化渠道的选择和战略布局是一项复杂的系统工程，需要文化企业审时度势，综合施策。既要立足自身禀赋，布局差异化渠道组合，又要注重与合作伙伴携手共建渠道生态；既要加强品牌塑造和市场推广，又要针对不同创新成果因地制宜、精准施策。只有在动态的市场环境中，不断优化完善渠道战略，提升渠道运营效率，才能充分释放文化产业创新活力，实现创新成果价值的最大化。

（二）市场推广与品牌塑造

市场推广与品牌塑造是创新成果转化的关键环节，对于提高创新价值、扩大创新影响力具有重要意义。在文化产业创新过程中，市场推广不仅能够有效传播创新理念，吸引更多受众的关注和认可，更能通过市场反馈不断优化和完善创新成果，实现创新与市场的良性互动。同时，品牌塑造则能够为创新成果赋予独特的个性和价值，增强其在市场竞争中的辨识度和影响力，为创新成果的可持续发展提供有力支撑。

创新成果的市场推广需要建立在精准把握受众需求的基础之上。文化产业创新主体应深入分析目标受众的特点和偏好，设计出契合其需求和审美趣味的推广方案。这就要求创新主体不仅要有敏锐的市场洞察力，更要具备一定的营销策划能力。在推广过程中，创新主体还应充分利用新媒体平台的传播优势，通过生动有趣的内容呈现和互动方式，提高受众的参与度和转化率。同时，线上线下推广渠道的有机结合也不可或缺，通过体验式营销、主题活动等多样化形式，让受众全方位感受创新成果的魅力，激发其消费欲望和品牌忠诚度。

品牌塑造是创新成果市场推广的深化和延伸。一个成功的文化产业创新品牌，不仅能够准确传递创新理念和价值主张，更能在受众心中建立起独特的形象和联想。因此，在品牌塑造过程中，创新主体首先要明确品牌定位，围绕创新成果的核心特色和优势，提炼出简洁而有冲击力的品牌理念。在视觉设计上，要充分考虑受众的审美偏好，设计出醒目、识别度高的品牌标识和视觉符号。同时，还要注重品牌故事的打造，通过生动鲜活的叙事方式，讲述品牌背后的创新历程和价值追求，引发受众的情感共鸣。在品牌传播中，要善于利用名人效应、口碑营销等方式，提升品牌曝光度和美誉度，逐步在受众心中建立起良好的品牌形象。

创新成果的市场推广和品牌塑造是一个长期而系统的过程，需要创新主体的持续投入和精耕细作。在实践中，创新主体应根据市场反馈和品牌发展阶段，不断优化和调整推广策略，并建立完善的品牌管理体系，确保品牌形象的一致性和延续性。同时，还要高度重视知识产权保护，运用法律手段维护品牌权益，为创新成果的健康发展提供制度保障。

只有不断提升市场推广能力，打造强势创新品牌，才能真正实现创新成果的商业价值，推动文化产业实现高质量发展。这不仅需要创新主体的战略眼光和经营智慧，更离不开政府和社会各界的大力支持。在新时代背景下，深入探索文化产业创新成果的市场化路径，对于加快构建现代文化产业体系、提升国家文化软实力具有重要意义。

（三）盈利模式与商业运营

创新成果转化是文化产业创新链条的重要组成部分，也是创新价值实现的关键环节。在文化产业创新成果转化过程中，盈利模式的选择和商业运营策略的制定直接关系到创新成果能否成功实现产业化，进而推动文化产业的高质量发展。

文化企业应根据创新成果的特点和市场需求，选择合适的盈利模式。常见的文化产业盈利模式包括版权授权模式、订阅模式、广告模式、增值服务模式等。版权授权是指文化企业将创新成果的知识产权授权给其他企业使用，并收取授权费用。这种模式适用于具有较强知识产权属性的创新成果，如文学作品、音乐作品、影视作品等。订阅模式是指用户通过支付订阅费用获得文化产品或服务，如数字阅读平台、在线视频平台等。这种模式要求文化企业持续提供高质量的内容和服务，以吸引和留住用户。广告模式是指文化企业通过在自有平台上投放广告获得收益，如视频网站、社交媒体平台等。这种模式的关键在于平台要具有大量用户流量，且能够精准匹配广告主的目标受众。增值服务模式是指在基础文化产品或服务之上，提供个性化、差异化的增值服务获得收益，如在线教育平台提供一对一辅导服务、知识付费平台提供专家问答服务等。文化企业需要根据创新成果的内容属性、用户特征、市场竞争状况等因素，综合评估并选择最优的盈利模式组合。

文化企业应制定科学、高效的商业运营策略，推动创新成果的市场化进程。这包括品牌塑造、渠道建设、用户运营等多个方面。品牌塑造是提升创新成果市场竞争力和影响力的重要手段。文化企业应基于创新成果的内容特色和目标受众，构建鲜明、独特的品牌形象，并通过整合营销传播等方式提升品牌知名度和美誉度。渠道建设是拓展创新成果覆盖面、触达目标用户的关键环节。文化企业应根据创新成果的受众特征，选择合适的线上线下渠道组合，如社交媒体、短视频平台、线下体验店等，并与渠道合作伙伴建立长期、稳定的战略合作关系。用户运营是发掘和满足用户需求、形成持续消费的重要途径。文化企业应通过数据分析等技术手段深入洞察用户行为特征和偏好，为其提供个性化的产品和服务，并通过社群运营、会员管理等方式增强用户黏性和忠诚度。

文化企业还应重视创新成果的持续迭代和优化，保持其市场竞争力。一方面，要建立完善的用户反馈机制，通过收集用户评价、建议等信息，不断改进创新成果的内容质量和使用体验；另一方面，要紧跟市场和技术发展趋势，适时对创新成果进行升级换代，以满足用户不断变化的需求。只有在动态变化的市场环境中保持创新活力，才能实现创新成果的可持续商业价值。

文化企业需要基于创新成果的特点和市场环境，构建最优的商业模式组合，并在品牌塑造、渠道建设、用户运营等方面制定科学、高效的策略。同时，还要重视创新成果的持续迭代和优化，保持其市场竞争力和可持续发展能力。只有在“产品力”和“运营力”两个维度形成合力，文化产业创新成果才能真正实现产业化，推动行业高质量发展。这需要文化企业在战略思维、资源整合、组织协同等方面不断创新突破，探索出一条具有自身特色的创新成果转化之路。

第三章　文化产业创新的市场需求分析

第一节　消费者需求分析与行为特征

一、消费者对文化产品的需求偏好与特点

（一）文化娱乐与实用功能的需求平衡

在当今文化消费市场中，消费者对于文化娱乐与实用功能的需求往往呈现一种微妙的平衡。一方面，人们渴望从文化产品中获得精神愉悦和情感慰藉，希望通过阅读、观影、聆听等方式，沉浸于艺术的美妙意境，抒发内心的情感共鸣。另一方面，随着生活节奏的加快和物质条件的改善，消费者也越来越注重文化产品的实用价值，期望从中获取知识、提升技能，为工作和生活带来实际助益。

面对消费者多元化的需求取向，文化产业必须在创新过程中寻求娱乐性与实用性的平衡。以图书出版业为例，近年来，“知识付费”模式的兴起正是出版商努力迎合消费者实用性需求的体现。通过将系统的知识架构与生动的案例讲解相结合，这类图书不仅为读者提供了全面、权威的知识来源，也增强了阅读的趣味性和互动性。类似的趋势还体现在影视、音乐、游戏等其他文化领域，娱乐元素与知识内涵的巧妙融合，成为吸引消费者的有效途径。

然而，在追求实用功能的同时，文化产业也要警惕泛功利化倾向对艺术性和人文性的侵蚀。毕竟，文化消费的核心诉求在于满足人们精神层面的需要，过度强调实用价值，反而可能导致文化产品失去其独特魅力。因此，在文化创新实践中，应当立足消费者的多样化需求，在娱乐性与实用性之间寻求动态平衡，既要为大众提供优质的精神食粮，也要满足其在知识获取、能力提升方面的实际需要。

文化娱乐与实用功能并非对立的概念，二者完全可以实现有机统一、相得益彰。许多优秀的文化作品之所以广受欢迎，正是因为它们在给人以审美愉悦的同时，也传递了深刻的人生哲理、道德启迪乃至实用技能。从这个角度来看，

娱乐性与实用性的完美融合，恰恰是文化产品价值的最高体现。这就要求文化生产者在创作过程中，站在更高的格局审视作品的社会功能，力求在感性的艺术表现中蕴含理性的思想内核，在带给受众欢愉的同时启迪心智、涵育品格。只有这样，才能创造出真正经典的文化精品，满足消费者全方位、多层次的精神需求。

（二）知识追求与情感寄托的需求分析

在当今的文化产业创新进程中，消费者的知识追求与情感寄托需求日益凸显。随着社会文明的进步和个人修养的提升，人们对文化产品的期望已不再局限于娱乐消遣，更注重其知识内涵和心灵慰藉。这一趋势要求文化产业从业者深入洞察消费者的内在诉求，以创新的视角和人文的情怀来设计、生产和传播文化产品。

从知识层面看，消费者渴望通过文化产品来拓宽视野、增长见识。在信息爆炸的时代，纷繁芜杂的信息环境容易导致个体的认知迷失。而优秀的文化作品能够从海量信息中提炼出有价值的知识，并以艺术化的形式呈现，满足受众的求知欲望。例如，一部以真实历史为创作素材的影视剧，不仅能够传递历史知识，更能引发人们对社会发展规律、人性复杂性等问题的思考。再如，一本富有哲理的散文集，可以启迪读者的人生智慧，帮助其建构起对世界的独特认知。由此可见，将知识性与艺术性巧妙融合，能够使文化产品焕发出独特魅力，吸引更多注重内涵的消费者。

从情感层面看，消费者期待从文化产品中获得精神慰藉和心灵抚慰。现代社会节奏加快，竞争压力剧增，人们普遍面临情感失衡和心理焦虑的困扰。在此情境下，那些蕴含真善美、充满正能量的文化作品能够给人以心灵的净化和救赎。一首抒情的诗歌，可以宣泄读者内心的郁结，抚平情绪的创伤；一幅寓意深远的画作，能够激发观者的生命感悟，唤起心中的希望。用心塑造的文艺形象、细腻传达的情感共鸣，往往能引起受众的情感体验，实现精神层面的愉悦和满足。可见，注重情感表达、善于心灵沟通的文化产品更能契合消费者的情感寄托需求。

知识性与情感性并非割裂对立，而是相辅相成、交相呼应。许多优秀文化作品之所以经久不衰，正是因为其完美地实现了知性与感性的统一。以经典名著《红楼梦》为例，作者在展现封建社会百态人生的同时，也刻画了众多栩栩如生、感人至深的人物形象。读者在阅读过程中，既能领略到深刻的社会洞察和人性思辨，又能感受到扣人心弦的情感体验，从而获得了全方位的精神享受。由此可见，兼具知识内涵和情感意蕴的文化产品，能够以更全面、更立体的方式满足消费者的精神文化需求。

二、不同年龄段、性别和地域消费者的需求分析

（一）年轻消费者群体的特色需求

年轻消费者作为文化产业创新发展的重要驱动力，其特色需求对文化内容创新具有重要影响。相较于其他年龄段的消费者，年青一代在价值观念、审美情趣、消费习惯等方面呈现鲜明特点，这决定了他们对文化产品有着独特的偏好和需求。深入分析年轻消费者群体的特色需求，对于把握文化产业创新发展的脉搏至关重要。

从内容形式来看，年轻消费者更青睐新颖独特、视觉冲击力强的文化内容。他们成长于数字时代，接受了更多元的文化熏陶，审美趣味更加多样化、个性化。因此，在文化内容创作中，要特别注重创意的原创性和表现形式的新颖性，用富有感染力的视听语言、前卫大胆的艺术风格吸引年轻受众的目光。同时，年轻人注重文化内容的互动性和沉浸感，渴望参与内容生产和传播的过程。这就要求文化产品在创作时充分利用数字技术手段，增强内容的交互性和沉浸感，满足年轻用户的参与需求。

从内容主题来看，年轻消费者更关注反映自身生活状态、情感共鸣的现实主义题材。他们处于人生的探索期，面临着学业、就业、情感等多重压力，对能引起情感共鸣的作品有着天然的偏好。因此，文化内容创作要深入贴近年轻人的现实生活，以他们的视角审视社会问题，表达他们的心声诉求。同时，年青一代崇尚自由、追求梦想、敢于突破，他们欣赏彰显个性张扬、突破传统禁锢的作品内涵。这就要求文化创意在主题选择上要紧跟年轻人的价值取向，激发他们的共鸣和向往。

从传播渠道来看，年轻消费者是新媒体平台的主力军。相较于传统媒体，他们更习惯于通过社交网络、视频平台、数字音乐等新兴渠道获取文化内容。这就需要文化企业针对年轻用户的媒介使用习惯，优化内容传播策略，借力新媒体平台实现精准触达。同时，年轻人重视文化内容的社交属性，喜欢在社交网络上分享和讨论感兴趣的作品。这就要求文化产品在创作之初就要考虑社交

传播的特点，设置有利于二次传播的信息接口，放大内容的传播效应。

年轻消费者的文化产品付费意愿和习惯也是文化产业创新的重要考量。相较于其他年龄段，年轻人对优质文化内容有着更强的付费意识。这为文化企业创新盈利模式、拓宽收入来源提供了广阔空间。但同时，年轻消费者对文化产品的性价比要求也更高，这就需要在保证内容品质的同时，灵活设置差异化的付费方案，满足不同细分群体的价格需求。

（二）中老年消费者群体的差异化需求

随着人口老龄化趋势的不断加剧，中老年消费者群体已经成为文化产业发展不可忽视的重要力量。与年轻消费者相比，中老年人在消费文化产品时表现出一些独特的需求偏好和行为特点。深入分析这些差异化需求的内在机理，对于文化企业制定有针对性的创新策略、开拓细分市场具有重要意义。

中老年消费者在文化产品消费中更加注重内容的深度和质量。他们普遍阅历丰富、见多识广，对浅薄肤浅的文化内容难以产生共鸣。相反，那些能够引发思考、启迪心灵、陶冶情操的高品质文化作品，往往更容易赢得他们的青睐。例如，一些反映人生哲理、展现传统美德的经典文学作品，就深受中老年读者的喜爱。因此，文化企业在创新过程中，应当重视内容品质的提升，力求为中老年消费者奉献精神层面的高雅享受。

中老年消费者的文化产品需求还具有较强的怀旧色彩。岁月的沉淀让他们对往昔岁月充满眷恋，那些承载着集体记忆、勾起美好回忆的文化符号，往往能够引发他们强烈的情感共鸣。比如，许多中老年人偏爱那些反映他们青葱岁月的经典电影、歌曲，在重温往昔时光中获得心灵慰藉。因此，文化企业可以适当开发一些复古风格的文化产品，唤起中老年消费者的美好记忆，满足其怀旧情结。

中老年消费者对文化产品内容的真实性和权威性也有较高要求。人到中年，阅尽人情冷暖，历经世事变迁，他们在文化消费中更加崇尚求真务实，厌恶浮夸造作。对于那些歪曲事实、违背常识的文化内容，中老年人往往难以接受。同时，他们欣赏专业性强、见解独到的权威性言论，愿意接受大家的观点引导。因此，文化企业要注重内容的考据和把关，以真实可信的形象赢得中老年消费者的信赖。

中老年消费者还十分关注文化产品的实用价值。与年轻人更加追求个性化表达和情感宣泄不同，中老年人在闲暇时间更愿意获取有助于自身发展的知识技能。例如，一些介绍养生保健、理财投资等方面的实用类读物，往往能吸引大量中老年读者。因此，文化企业在产品创新中，应当充分考虑中老年人的实际需求，提供有益身心、服务生活的优质内容。

除了内容层面的考量，中老年消费者在选择文化产品时，还有一些特殊的形式要求。比如，他们更加偏好传统的纸质阅读，对电子屏幕阅读的接受度相对较低。再如，他们喜欢便于携带、易于操作的文化产品形态，对那些技术门槛高、操作烦琐的新兴文化形式兴趣不大。这就要求文化企业在产品设计中，要充分体贴中老年人的使用习惯，提供人性化、便利化的文化消费体验。

三、消费者购买决策过程与影响因素

（一）信息收集与评估阶段的行为特征

消费者在获取文化产品信息与评估产品的过程中表现出一些明显的行为特征。当今信息技术高度发达，各种文化产品信息泛滥成灾，消费者往往需要在海量信息中甄别筛选，找出真正有价值的内容。在这一过程中，消费者倾向于选择那些口碑好、评价高的文化产品，尤其是来自值得信赖的信息源，如权威媒体、专业评论人士的推荐。同时，消费者也会主动搜寻与自己喜好相契合的文化产品信息，借助搜索引擎、社交媒体等工具，精准定位感兴趣的内容。

在评估文化产品阶段，消费者往往会系统收集相关信息，全面了解产品的特点、优缺点。他们不仅关注产品本身的品质，如内容质量、艺术水准、创新性等，还会考虑外部因素，如价格、营销策略、品牌形象等。消费者会将不同来源的信息进行对比分析，形成理性、客观的评判。值得注意的是，随着互联网的普及，消费者在评估文化产品时更加依赖用户生成内容（UGC），如网友评论、口碑、排行榜等。这些真实的用户体验和反馈，对消费者的决策产生重要影响。

消费者在收集和评估文化产品信息的过程中，还表现出一些独特的心理特点。首先是从众心理，许多消费者容易受到大众口碑和流行趋势的影响，选择那些热门的、“爆款”的文化产品。其次是求新心理，一些消费者偏好新奇、独特的文化产品，追求与众不同的体验。再次是理性消费，越来越多的消费者摒弃盲目跟风，根据自身实际需求和偏好，理性选择文化产品。

文化企业要准确把握消费者在获取信息和评估产品时的行为特征，有针对性地开展营销活动。一方面，企业要利用各种渠道，加强对优质文化产品的宣传推广，提高产品曝光率和美誉度，吸引消费者主动搜索相关信息。另一方面，企业要重视用户口碑的塑造，鼓励消费者分享真实的使用体验，以真实、生动的方式展现产品价值，提升消费者的认可度和信任度。同时，企业还要顺应消费者多元化、个性化的需求趋势，开发出兼具品质与特色的文化产品，满足不同消费者群体的喜好。只有深入洞察消费者行为，不断优化产品和服务，才能在激烈的市场竞争中赢得先机。

（二）购买决策的心理机制

消费者在做出购买决策时，其心理动因与过程往往具有复杂性和多样性。从需求识别的角度来看，消费者的购买动机通常源于对某种产品或服务的强烈欲望。这种欲望可能来自生理需求，如饥饿驱使个体购买食品；也可能源于心理需求，如购买奢侈品以彰显身份地位。当消费者意识到自身的需求与现状存在差距时，就会产生购买动机，进而开启购买决策过程。

信息搜寻是消费者购买决策过程中的关键环节。面对琳琅满目的商品，消费者需要收集和评估大量信息，以做出理性选择。在这一过程中，消费者的认知风格发挥着重要作用。有的消费者偏好系统全面的信息收集，力求通过理性分析做出最优决策；有的消费者则倾向于依赖直觉和情感判断，选择与自我形象相符的产品。同时，消费者的涉入程度也会影响信息搜寻的广度和深度。对于高涉入产品如房产、汽车等，消费者往往会投入更多时间和精力，广泛收集信息并反复权衡；而对于低涉入产品如日用百货，消费者的决策过程则相对简单迅速。

评估备选方案是消费者购买决策过程中最为复杂的阶段。消费者需要根据自身需求和偏好，权衡不同产品的属性、价格、品牌等因素，进行综合评估和比较。在这一过程中，消费者的价值观念发挥着指引作用。追求实用性的消费者可能更看重产品的性能和性价比，而注重享乐性的消费者则可能偏爱时尚新颖的设计。同时，消费者的思维定式也会影响其评估结果。例如，部分消费者存在“价格即质量”的思维定式，认为价格高昂的产品必然品质优良，从而影响其选择。

购买决策是消费者经过反复权衡后做出的最终选择。这一决策不仅取决于产品本身的客观属性，更受到消费者主观感受的影响。例如，消费者对品牌的情感联结往往超越了对产品质量的理性评估，品牌忠诚度高的消费者可能会排斥其他品牌的替代品。购买情境也会左右消费者的决策结果。在时间压力下，消费者可能倾向于选择熟悉的品牌；而在促销氛围中，消费者又可能冲动消费，购买并不需要的商品。

购后评价是消费者购买决策过程的延续。消费者会将产品的实际使用体验与购买预期进行比较，做出满意或不满意的评价。积极的购后评价能够强化消费者的品牌忠诚度，促使其重复购买；而消极的购后评价则可能导致消费者流失，转而选择竞争对手的产品。因此，企业需要重视消费者的购后评价，通过售后服务等方式提升顾客满意度，维系长期客户关系。

四、消费者对文化产品创新的接受度与期望值

（一）新技术应用在文化产品中的消费者接受程度

新技术的应用已经成为文化产品创新的重要推动力。在互联网、大数据、人工智能等新兴技术的推动下，文化产业正在经历一场深刻变革。传统的文化产品形态和传播方式正在被打破，以数字化、网络化、智能化为特征的新型文化产品不断涌现。这些创新的文化产品更加贴近消费者需求，为人们提供了更加丰富、便捷、个性化的文化体验。

消费者对于文化产品中新技术运用的开放性和接受水平是影响文化产业创新的关键因素之一。随着数字原住民的崛起，越来越多的消费者对新技术在文化领域的应用持欢迎态度。他们乐于尝试融合了虚拟现实、人工智能、区块链等新技术的文化产品，享受智能推荐、沉浸式体验、社交互动等新颖功能带来的惊喜。这种开放包容的消费理念为文化企业进行技术创新提供了广阔的市场空间。

然而，消费者对新技术应用的接受程度也存在着差异。部分数字移民或数字游民尚未完全适应数字化时代的文化消费方式，对一些前沿技术存在认知障碍和心理隔阂。他们更偏好传统的文化产品形态，对全新的数字化体验持谨慎态度。这就要求文化企业在创新过程中兼顾不同群体的接受能力，提供多元化的产品，实现传统与现代的融合，循序渐进地引导消费者接纳新技术、新形态。

消费者的新技术接受水平还受到文化素养、消费习惯等因素的影响。具有较高文化修养和鉴赏力的消费者通常对高品质、富创意的文化产品有更高要求。他们希望新技术的运用能够服务于文化内核的表达，而非单纯的技术堆砌。这

就倒逼文化企业在创新中坚守文化自信，注重人文价值与科技手段的平衡，以高质量的文化内容满足消费者的精神文化需求。

（二）对文化产品创新方向的期望与建议

消费者对文化产品创新的期望和建议直接反映了市场需求的方向和走向。随着社会的发展和科技的进步，消费者对文化产品的品质要求不断提高，对创新形式和内容的渴望日益强烈。他们期待文化产品能够与时俱进，在融合新技术、新理念的同时，传承优秀传统文化的精髓，满足多元化、个性化的精神需求。

具体而言，消费者对文化产品创新的期望主要体现在以下几个方面：首先，在内容上，消费者希望文化产品能够紧扣时代脉搏，反映当下社会现实，引发共鸣和思考。无论是影视作品、文学创作还是游戏设计，都应该立足现实生活，关注普通人的喜怒哀乐，表达人性的真善美，传递积极向上的价值观。其次，在形式上，消费者期待文化产品能够运用前沿科技手段，带来沉浸式、交互式的体验。虚拟现实、增强现实等新技术的应用，能够突破时空限制，带来身临其境的感受，极大地增强文化产品的吸引力和感染力。再次，在传播上，消费者希望文化产品能够借助新媒体平台，实现精准推送和互动交流。移动互联网、社交媒体等新兴渠道的崛起，为文化产品的传播提供了更加便捷、高效的途径，也为消费者参与文化创造提供了可能。

除了期望之外，消费者对文化产品创新也提出了宝贵的建议。他们建议文化企业要加强与消费者的沟通，通过大数据分析、用户调研等方式，深入了解消费者的需求和偏好，有针对性地开展创新。同时，文化企业要勇于承担社会责任，在追求经济效益的同时，也要注重社会效益，弘扬主旋律，传播正能量。消费者还建议文化企业要加强知识产权保护，规范市场秩序，营造良性竞争的环境，激发创作者的积极性和创造力。

第二节　市场需求对文化产业创新的影响

一、市场需求变化对文化产业创新方向的引导

（一）主流价值观变迁与内容创新

在互联网时代，市场上主流价值观的变迁正在深刻影响着文化产品内容的发展方向。随着社会的进步和时代的更迭，人们的思想观念、审美情趣、价值取向都在不断发生变化。这些变化不仅体现在生活方式和消费行为上，更深刻地反映在精神文化需求上。作为承载着社会价值观和人文精神的文化产品，其内容必然要随着主流价值观的变迁而不断调整和创新。

主流价值观的变迁为文化产品内容注入了新的时代元素。在社会转型和文化交融的大背景下，诸如追求自由平等、崇尚多元包容、强调个性解放等现代价值理念日益深入人心。文化产品要想吸引受众、引发共鸣，就必须在内容上积极回应这些新的价值诉求。无论是影视作品、文学创作，还是新闻报道、广告策划，都需要将体现时代精神、反映社会进步的元素融入其中。只有紧跟时代脉搏，用新的价值观念武装文化内容，才能赢得受众的认同和青睐。

主流价值观的变迁也对文化产品内容提出了更高的要求。随着社会的发展和人们知识水平的提高，受众对文化产品的判断力和鉴赏力也在不断增强。那些脱离时代、格调低下、价值观念落后的文化内容，已经越来越难以满足人们日益提升的精神文化需求。与之相对，富有思想深度、艺术感染力、人文关怀的优质文化产品，则更容易受到人们的欢迎和追捧。因此，文化生产者必须立足新的价值坐标，不断提升内容品质，以高质量的文化供给满足人们的高品位需求。

主流价值观变迁对文化产品内容创新的引领作用，已经在许多领域得到了充分体现。比如，在影视创作方面，近年来涌现出一大批反映时代精神、弘扬主旋律的优秀作品。这些作品以新颖独特的艺术表现形式，生动鲜活地呈现了当代中国人的精神风貌和价值追求，受到了广大观众的欢迎和好评。又如，在网络文学领域，许多作品开始关注现实生活，反映社会问题，体现人文关怀。它们用富有感染力的文字，塑造了一个个鲜明生动的时代新人形象，引发了读

者的强烈共鸣。

71 随着中国特色社会主义文化的繁荣发展，社会主义核心价值观必将进一步深入人心、凝聚共识。这也意味着，体现真善美、传递正能量的优质文化产品，必将拥有更加广阔的发展空间。相信在主流价值观的指引下，中国的文化产品内容创新之路必将越走越宽广，为人们提供更多高质量的精神文化滋养。

（二）消费者偏好演化与服务模式创新

互联网时代催生了消费者偏好的多元化演进，这为文化服务模式的创新提供了广阔空间。随着信息技术的迅猛发展，人们获取文化产品和服务的渠道日益丰富，个性化需求也愈发突出。传统的文化服务模式已难以满足消费者不断升级的体验诉求。为了适应这一变化，文化产业必须深入洞察用户需求，不断创新服务方式，提供更加多元、精准、互动的文化体验。

消费者偏好的分化促使文化服务朝着个性化、定制化方向发展。人们不再满足于被动接受千篇一律的文化产品，而是渴望参与文化创造，表达自我。因此，文化企业应充分利用大数据、人工智能等技术，精准把握不同群体的喜好特征，为其量身打造个性化的文化服务。同时，还要创新服务形态，将线上线下渠道有机结合，为用户提供沉浸式、多维度的文化体验。只有紧跟消费者偏好的变化脚步，不断优化服务质量，才能在激烈的市场竞争中站稳脚跟。

移动互联网的普及也引发了消费者参与方式的变革，由被动接受向主动互动转变。借助社交媒体、短视频等平台，人们可以随时随地分享彼此的文化体验，表达自己的观点看法。这种自发的文化传播不仅拓宽了文化企业的触达范围，也为服务模式创新提供了宝贵灵感。通过构建互动社区，鼓励用户参与内容生产和评价，文化企业可以实现与消费者的深度连接，获得持续创新动力。用户生成内容（UGC）、虚拟现实（VR）等新技术的应用，也为文化服务注入了新的活力。

消费升级还催生了对高品质、多元化文化服务的需求。随着生活水平的提高，人们不再满足于单一、浅层次的文化消费，而是期待更加丰富、深刻的精神享受。这就要求文化企业在服务创新中注重内容品质的提升，强化特色化、差异化发展。通过挖掘本土文化资源，融合多元文化元素，塑造独特的文化品牌，方能赢得消费者的青睐。跨界融合、寓教于乐等创新服务理念的运用，也有助于拓宽文化消费新空间，满足用户多样化需求。

（三）技术进步推动的产业形态变革

在互联网时代，新兴技术的迅猛发展正在深刻改变着文化产业的形态。云计算、大数据、人工智能等前沿技术的应用，不仅推动了文化产品生产方式的革新，也为文化传播渠道和消费模式带来了巨大变革。技术进步带来的文化产业形态变革，体现在多个方面。

从内容创作来看，人工智能技术的发展为文化内容生产提供了强大助力。机器学习算法可以快速分析海量数据，洞察用户偏好，为内容创作提供精准指引。自然语言处理、计算机视觉等技术则可以在文案撰写、视频剪辑等环节发挥重要作用，提高内容生产效率。虚拟现实、增强现实等沉浸式技术的应用，更是开辟了影视、游戏等文化领域的全新表现形式，带来身临其境的体验。

从传播渠道来看，移动互联网和社交媒体的普及极大拓宽了文化内容的触达范围。借助算法推荐、精准投放等技术手段，优质文化产品可以快速触达目标受众，实现精准传播。直播、短视频等新兴内容形态的兴起，进一步突破了传统媒介的时空限制，实现了文化内容的实时分享和互动，增强了用户黏性。区块链技术在版权保护、数字资产确权等方面的应用，也为文化产业的健康发展提供了有力保障。

从消费模式来看，大数据分析和云计算技术的发展为文化企业提供了深入洞察用户需求、优化产品服务的新路径。针对细分人群画像，文化企业可以提供个性化、定制化的产品和服务，满足多元化的文化消费需求。在线平台、移动支付等技术则让文化消费更加便捷高效，进一步释放了消费潜力。借助数字化手段，博物馆、美术馆等传统文化场馆也在积极探索互动性、沉浸式的观展体验，吸引年青一代消费者。

技术进步不仅推动了文化产业各个环节的创新，也催生了一系列新业态新模式。数字出版、网络文学、在线音乐、互动娱乐等新兴业态蓬勃发展，成为文化产业增长的新动能。文化产品的生产、传播、消费链条不断被重塑，跨界融合日益频繁，泛娱乐生态加速形成。文化产业正在向数字化、智能化、平台化、生态化的方向加速演进。

新兴技术正在重塑文化产业的创新范式。顺应技术发展大势，加快数字化转型步伐，成为文化企业培育新优势、抢占新高地的关键所在。在政策引导、企业探索、社会参与的共同推动下，文化与科技必将加速融合，共同书写文化产业高质量发展的崭新篇章。只有准确把握技术进步带来的产业形态变革规律，积极拥抱新兴技术，加快创新步伐，才能在新一轮产业竞争中抢占先机，实现文化产业的转型升级和可持续发展。

二、市场需求规模对文化产业创新投入力度的影响

（一）规模扩大与资金投入增强的关系

互联网背景下文化产业的发展面临着前所未有的机遇和挑战，市场规模的扩大为文化产业创新注入了新的动力。随着互联网的普及和信息技术的进步，文化产品和服务的消费群体不断扩大，市场需求日益多样化和个性化。这一趋势为文化企业带来了广阔的发展空间，同时也对其创新能力提出了更高要求。

市场规模扩大为文化产业的资金投入提供了坚实基础。庞大的消费群体意味着更大的市场容量和更多的盈利机会，这激励着文化企业加大研发投入，开发出更加优质、多元的文化产品和服务。同时，市场规模的扩大也吸引了更多的社会资本流入文化产业，为文化企业的转型升级提供了雄厚的资金支持。资金投入的增加不仅推动了文化企业的技术创新和业态创新，也为其人才引进和培养开辟了广阔空间。

市场规模扩大还促使政府加大对文化产业的政策支持力度。面对日益增长的文化消费需求，政府深刻认识到文化产业在经济发展和社会进步中的战略地位，出台了一系列扶持政策，营造良好的制度环境。这些政策措施包括财政资金支持、税收优惠、人才引进计划等，为文化企业的创新发展提供了有力保障。政策红利的释放，进一步激发了社会资本投资文化产业的积极性，形成了良性循环。

然而，市场规模扩大也对文化企业的创新能力提出了更高要求。消费者需求的快速变化和市场竞争的日益激烈，倒逼文化企业加快创新步伐，提升核心竞争力。这就要求文化企业紧跟时代脉搏，深入分析消费者需求变化趋势，积极运用新技术、新媒介，开发出契合市场需求的创新产品和服务。同时，文化企业还需建立起敏捷、灵活的创新机制，快速响应市场变化，抢占先机。唯有如此，才能在激烈的市场竞争中立于不败之地。

文化产业的创新发展离不开高素质创新人才的支撑。市场规模扩大为文化企业吸引和培养创新人才提供了广阔舞台和丰厚回报，但同时也对人才的综合素质提出了更高要求。新时期的文化产业创新人才不仅需要具备扎实的专业能

力，还需要具有开阔的国际视野、敏锐的市场洞察力和过硬的跨界整合能力。因此，文化企业要建立完善的人才培养体系，注重创新人才的选拔、培训和激励，为其搭建职业发展平台，充分激发其创新活力。

（二）投资者行为与创新策略调整

市场需求规模的变化会对文化产业的创新投入和策略产生深远影响。当市场需求增长时，文化企业往往会加大创新投入，以期抓住市场机遇，占据更大的市场份额。例如，随着中国电影市场的快速增长，众多影视公司加大了对电影制作技术、特效、拍摄设备等方面的投入，推动了电影工业的创新发展。反之，当市场需求萎缩时，企业可能会削减创新预算，采取保守策略，聚焦于成本控制和效率提升，创新动力不足。

市场需求规模还会影响投资者的行为和决策。一个快速增长、前景广阔的文化产业细分领域，往往能够吸引更多的创业投资和风险投资，为创新提供资金支持。投资者青睐于投资市场需求旺盛的领域，期望分享文化产业发展的红利。例如，近年来短视频、直播等新兴业态的爆发式增长，吸引了大量资本涌入，加速了相关领域的创新步伐。相比之下，市场需求疲软的领域可能面临融资难题，创新资金短缺。

市场规模的变化还会引导文化企业调整创新策略的侧重点。在需求快速增长的阶段，企业倾向于通过颠覆性创新来重塑行业格局，抢占先发优势。这可能意味着更多的资源投入前沿技术研发、新产品开发、商业模式创新等方面。而当市场趋于饱和，增长放缓时，企业的创新重心可能转向渐进式改进，注重提升现有产品和服务的性能、功能和体验，通过差异化实现精耕细作。例如，在移动游戏市场日趋成熟的背景下，头部企业更加注重优化游戏内容和玩法，改善用户体验，提高游戏生命周期和变现效率。

市场需求规模与创新投入和策略之间的关系并非单向的，二者相互影响，形成动态反馈。一方面，市场需求规模影响企业和投资者的创新决策；另一方面，创新又能催生新的市场需求，拓宽市场边界。文化企业要准确把握市场脉搏，顺应需求趋势，同时也要勇于创新，引领需求变革。在市场需求和创新之间，找到平衡，实现良性互动，是文化产业实现可持续发展的关键。

（三）政策制定与资助机制的影响

政策制定和资助机制对文化产业创新投入力度的调整具有重要影响。在互联网时代，随着市场需求规模的变化，文化产业创新面临着新的机遇和挑战。为了促进文化产业的健康可持续发展，政府需要根据市场需求的变化，及时调整相关政策，完善资助机制，为文化企业的创新活动提供有力支持。

从宏观层面来看，政府应该建立健全文化产业创新的政策体系。这一体系应涵盖财政支持、税收优惠、人才培养、知识产权保护等多个方面，为文化企业的创新活动营造良好的制度环境。具体而言，政府可以通过设立专项资金、发放创新券等方式，为文化企业提供直接的资金支持；通过减免税收、加速折旧等优惠政策，减轻企业的创新成本负担；通过完善职业教育体系、建设高端人才培养基地等举措，为文化产业输送创新型人才；通过加强知识产权立法、严厉打击侵权盗版等行为，维护文化企业的创新成果。只有构建起全方位、多层次的政策支持体系，才能为文化产业创新提供持久动力。

从微观层面来看，政府还应根据市场需求的变化，动态调整资助机制，引导文化企业的创新方向。一方面，政府要加强对文化市场的调研和分析，准确把握消费者偏好的变化趋势，识别出最具发展潜力的细分领域。在此基础上，有针对性地加大对这些领域的资金投入，鼓励文化企业加强相关方面的创新。另一方面，政府还要建立健全资助项目的绩效评估机制，定期评估各项资助措施的实际效果，及时淘汰或调整资助比较客观的项目，提高资金使用效率。与此同时，政府还可以探索与社会资本合作的新模式，撬动更多社会资源投入文化产业创新，形成多元化的投融资格局。

政策制定和资助机制的调整需要遵循文化产业发展的内在规律，既不能操之过急，也不能束之高阁。一味追求短期效益，盲目投资，容易导致资源配置失衡，引发产能过剩等问题；而过于悲观保守，不愿投入，则又会错失发展机遇，甚至导致产业萎缩、人才流失。因此，政府既要发挥引导作用，又要发挥政策制定市场作用，合理引导市场主体参与创新，不仅要把握当前，更要放眼长远，在推动文化产业创新发展的同时维护其继承性和延续性。

三、市场需求多样性对文化产业创新模式的促进

（一）数字化转型应对需求多样性

数字化转型已成为文化产业适应市场需求多样性、满足消费者个性化需要的重要途径。在互联网时代，消费者对文化产品和服务的需求日益多元化，传

统的“一刀切”模式难以适应这种变化。数字技术的应用为文化企业提供了转型升级的新思路，使其能够更加精准、高效地把握市场脉搏，洞察消费者需求，提供个性化、差异化的文化体验。

数字化转型体现在文化内容生产领域。数字技术的普及使内容创作者能够利用虚拟现实、增强现实等新兴技术，打造沉浸式、交互式的文化作品，带给消费者全新的体验。同时，大数据分析工具的应用使内容创作更加精准化。通过收集和分析海量用户数据，创作者能够洞察不同群体的偏好特点，有针对性地设计内容，提高作品的吸引力和传播力。

数字化转型深刻影响着文化产品的传播渠道。移动互联网和社交媒体的兴起，为文化企业搭建了与消费者直接对话的平台。企业可以通过数字平台精准投放内容，实现千人千面的个性化传播。互联网直播、短视频等新型传播方式的出现，进一步拓宽了文化产品触达受众的渠道，满足了消费者随时随地享受文化服务的需求。

在消费环节，数字化转型则表现为服务模式的创新。大数据技术使文化企业能够深入分析消费者行为，精准把握其喜好特点，提供个性化的文化产品和服务推荐。人工智能技术的应用，如智能客服、虚拟助手等，则大大提升了文化消费的便捷性和交互性。数字化支付、在线订票等服务的普及，也让消费者享受到更加快捷、高效的消费体验。

需要指出的是，文化产业数字化转型不仅仅是技术层面的变革，更是理念和模式的革新。它要求文化企业从“以产品为中心”转向“以用户为中心”，从“大众化生产”转向“个性化定制”，从“单向传播”转向“双向互动”。只有顺应这一趋势，主动拥抱变革，文化企业才能在日益激烈的市场竞争中占据有利位置。

（二）定制化与个性化创新的机遇

在互联网时代，消费者需求呈现前所未有的多样性和个性化特点。这种趋势不仅推动了文化产业的蓬勃发展，也为其创新发展提供了广阔空间。企业只有积极把握市场需求变化，不断推出满足消费者个性化需求的文化产品和服务，才能在激烈的市场竞争中立于不败之地。

定制化和个性化已成为文化产业创新的重要方向。传统的文化产品往往采用大规模生产的模式，难以满足消费者日益多元化的需求。而定制化和个性化的文化产品，能够根据消费者的特定需求量身打造，提供独特的文化体验。例如，在出版业，一些出版社开始提供个性化的定制服务，读者可以根据自己的喜好选择书籍的内容、封面、装帧等，打造独一无二的个性化书籍。这种定制化服务不仅满足了读者的个性化需求，也为出版社开拓了新的利润增长点。

数字技术的发展为文化产业的个性化创新提供了有力支撑。大数据、人工智能等技术可以精准把握消费者的个性化需求，实现千人千面的个性化推荐和服务。以音乐行业为例，音乐平台可以通过分析用户的收听记录、喜好等数据，为每个用户推荐个性化的歌单和音乐内容，极大地提升了用户的听歌体验。人工智能技术还能根据用户的喜好自动生成音乐作品，实现真正意义上的个性化音乐创作。

个性化需求的满足离不开创新型人才的支撑。文化企业需要引进和培养既懂技术又懂艺术、善于捕捉市场需求的复合型人才，建立起一支高素质的创新团队。这些创新人才不仅要具备扎实的专业技能，还要对文化艺术有深刻的理解和鉴赏力，能够将技术与艺术完美结合，创造出满足消费者个性化需求的优秀文化产品。同时，文化企业还要营造鼓励创新、宽容失败的企业文化，给予创新人才充分的创作自由和尝试空间。

个性化创新的道路既充满机遇，也面临挑战。对文化企业而言，个性化创新意味着更高的创作成本、更长的生产周期以及更大的市场风险。因此，在实施个性化战略时，企业要做好成本核算，平衡规模化生产与个性化创新的关系。同时，企业还要加强市场调研，准确把握消费者的个性化需求，避免盲目投资。只有在深入了解市场需求的基础上，才能开发出真正满足消费者需求、具有市场竞争力的个性化文化产品。

（三）区域文化差异与本土化创新

区域文化差异蕴育了丰富多样的文化资源，成为本土化文化产业创新的重要源泉。不同地域的自然环境、历史传统、风俗习惯等因素，塑造了各具特色的区域文化。这种差异性为文化产业注入了源源不断的创意灵感，为文化产品和服务提供了取之不尽的素材宝库。文化企业只有立足本土文化，挖掘区域特色，才能打造出富有地方韵味、彰显民族魂魄的文化精品。

深入挖掘区域文化内涵，是实现文化产业本土化创新的关键所在。每一种区域文化都凝聚着当地人民的智慧结晶和精神追求，蕴含着丰富的历史故事和人文内涵。文化企业要善于从区域文化中提炼精髓，用现代的表现方式赋予其新的生命力。比如，可以从地方民间故事、神话传说中汲取灵感，创作出引人入胜的影视作品；可以将传统手工艺与现代设计理念相结合，开发出既有文化底蕴又符合时代审美的文创产品。唯有不断挖掘区域文化的深层内涵，才能为文化产业创新提供取之不竭的源头活水。

因地制宜地发展特色文化产业，是推动文化产业本土化创新的有效路径。不同地区的资源禀赋、产业基础、消费特点各不相同，文化产业的发展必须立足区域实际，找准比较优势。比如，拥有深厚历史文化积淀的地区，可以重点发展文化旅游、博物馆等传统文化产业；自然景观独特、民俗风情浓郁的地区，可以重点发展乡村旅游、民宿经济等特色产业；科教资源丰富、创新氛围浓厚的地区，可以重点发展数字文化、创意设计等新兴产业。只有根据区域特点因地制宜、差异化发展，才能形成各具特色、优势互补的文化产业发展格局。

加强区域文化交流与融合，是催生文化产业本土化创新的重要动力。在全球化时代，不同地域文化之间的交流日益频繁，文化融合已成为推动文化产业发展的重要趋势。一方面，文化交流有助于不同区域文化的互相借鉴，激发文化创新的灵感和活力；另一方面，文化融合催生出新的文化业态和消费需求，为文化产业创新提供了广阔的市场空间。文化企业要主动参与区域文化交流，学习吸收其他地域的先进经验，推动不同文化间的对话融通。同时，要立足区域文化特色，积极探索将本土文化与其他文化相融合的创新路径，孕育出独具魅力的文化新业态。

建立健全扶持政策和服务体系，是推进文化产业本土化创新的重要保障。文化产业的发展离不开政府的引导和扶持，特别是对中小微文化企业和创新创业项目的支持。各地要从实际出发，制定差异化的文化产业扶持政策，在资金投入、税收优惠、人才引进、知识产权保护等方面给予针对性支持，营造良好的政策环境。同时，要完善文化产业公共服务体系，在信息咨询、人才培训、融资担保、品牌推广等方面为企业提供优质服务，帮助其提升核心竞争力和创新能力。只有不断健全文化产业发展的政策保障和服务支撑，才能为本土化创新营造良好的生态环境。

第三节　文化产业创新的市场定位与策略

一、市场需求分析与目标受众定位

（一）确定文化产品的市场需求特征

在互联网时代，文化产业的发展日新月异，消费者的需求和偏好也在不断变化。要实现文化产业的创新发展，准确把握市场需求特征至关重要。这不仅需要深入分析消费者的偏好，更要动态地把握消费趋势的变化。

消费者偏好是影响文化产品市场需求的关键因素。不同的消费者群体在年龄、性别、受教育程度、收入水平等方面存在显著差异，这些差异直接影响着他们对文化产品的喜好。比如，年青一代更偏爱时尚、个性化的文化产品，而中老年人则更青睐传统、经典的内容。同时，高学历、高收入群体对文化产品的品质和内涵要求更高，而普通大众则更看重娱乐性和实用性。只有深入研究不同消费者群体的特点，才能有针对性地设计出满足其需求的文化产品。

消费动态是把握市场需求的另一个重要维度。在互联网时代，信息传播速度加快，消费者的口味和偏好变化也更加频繁。一款爆款文化产品可能在短时间内引发消费热潮，但如果不能及时更新迭代，很快就会被市场淘汰。因此，文化企业必须时刻关注消费动态，通过大数据分析、用户反馈等方式，及时发现和响应市场需求的变化。只有紧跟时代脉搏，不断推陈出新，才能在激烈的市场竞争中立于不败之地。

许多成功的文化产品是基于对市场需求的精准把握而诞生的。比如，现象级电影《流浪地球》就充分考虑了国内观众对科幻题材的新鲜需求和民族自豪感的渴望，在类型、视效、情怀等方面都做到了精准满足。又如，爆红网络的《中国诗词大会》综艺节目，则迎合了当下年轻人重拾传统文化的需求，以趣味性和互动性俘获了大量忠实粉丝。这些成功案例无不彰显了需求导向的重要性。

（二）划分并理解目标受众群体

深入理解并精准定位目标受众群体，是文化产业创新实现市场定位与制定营销策略的重要前提。文化企业只有立足市场需求，以受众为中心，才能开发出满足消费者偏好、引领文化消费趋势的创新产品与服务。从人口统计学角度看，年龄、性别、文化背景等客观特征是划分目标受众的基本依据。不同年龄段的消费者在审美趣味、消费习惯、价值观念等方面存在显著差异。以年轻群体为例，他们追求个性化、多元化的文化体验，喜欢新奇、时尚、互动性强的文化产品。而中老年群体则偏好传统、经典的文化形态，注重文化内涵与精神感受。因此，文化企业要根据产品定位，明确目标受众的年龄特点，设计符合其审美需求的产品形态与传播方式。

性别差异也会对文化消费产生重要影响。一般而言，女性消费者更加注重文化产品的情感体验和社交属性，偏好唯美、抒情、温馨的文化内容。而男性消费者则更看重文化产品的知识性和功能性，追求理性、深刻、启发思考的文化内容。文化企业要充分考虑性别差异，在产品内容、形式、营销推广等方面有的放矢，提升目标受众的认同感和购买欲望。

文化背景也是影响受众文化偏好的关键因素。不同地域、民族的消费者，其价值取向、审美情趣、行为方式都存在差异。比如，传统文化氛围浓厚的地区，消费者可能更青睐传承民族精髓、弘扬家国情怀的文化产品。而在多元文化交融的大都市，消费者则可能偏好兼容并蓄、开放包容的文化形态。因此，文化企业要立足区域特色，深入分析当地消费者的文化背景，推出契合其文化心理和认同需求的产品和服务。

需要指出的是，单纯依据人口统计学特征划分目标受众具有一定局限性。在互联网时代，网络平台的普及、移动终端的广泛应用，大大改变了人们的文化消费方式和偏好。跨年龄、跨地域、跨文化背景的“部落式”文化社群不断涌现，形成了新的受众分层。这就要求文化企业不能简单套用固有的受众划分标准，而要顺应互联网思维，洞察新兴文化群体的诉求和特点。对于这些新兴群体而言，文化认同、价值观念的趋同性往往超越了人口统计学差异，成为凝聚其文化社群的核心纽带。文化企业要抓住这一趋势，通过社交网络、兴趣社区等方式，与目标受众建立深度连接，营造身份归属感，提升品牌忠诚度。

划分和理解目标受众群体是一个动态过程，需要文化企业建立常态化的消费者研究机制。一方面，要综合运用问卷调查、深度访谈、数据分析等多种方法，全面收集受众信息，准确把握目标群体的价值诉求和行为特点。另一方面，要紧跟市场动态，敏锐洞察目标受众需求的新变化、新趋势，及时调整受众画像与市场策略。只有建立起敏捷、精准的受众洞察机制，文化企业才能稳准快地推出契合市场需求的创新产品，赢得消费者的芳心。

（三）设计与目标受众相匹配的调研工具与方法

设计与目标受众相匹配的调研工具与方法是文化产业创新市场定位与策略的重要一环。只有深入了解目标受众的需求、偏好和消费习惯，才能为文化产品的创新提供精准的市场导向。问卷调查是最常用的调研工具之一，它通过设置一系列结构化的问题，收集目标受众在特定问题上的看法和态度，从而获得量化的数据支撑。在设计问卷时，研究者需要充分考虑目标受众的特点，如年龄、性别、教育背景、文化水平等，以确保问题的表述清晰、易懂，选项的设置合理、全面。同时，问卷的长度、题型、逻辑顺序也要经过精心设计，既要覆盖研究主题的各个方面，又要避免过于冗长而引起答题疲劳。

除了问卷调查，访谈也是深入了解目标受众需求的有效方式。与问卷不同，访谈采用开放性问题，鼓励受访者自由表达想法，挖掘其潜在需求和痛点。访谈可以采取面对面、电话、在线等多种形式，灵活安排时间和地点。研究者在访谈中要善于倾听、引导，通过追问、澄清等技巧深入探索受访者的真实想法。访谈所获得的定性数据虽然难以量化，却能够为问卷设计提供重要参考，弥补量化研究的不足。

在互联网时代，大数据分析也日益成为洞察目标受众需求的利器。研究者可以通过抓取目标受众在社交媒体、论坛、电商平台上的行为数据，如浏览、搜索、评论、购买等，分析其兴趣偏好、消费习惯、舆情动向等，从海量数据中提炼有价值的信息。大数据分析能够实现用户画像，精准描绘目标受众的特征，为文化产品的创新和营销提供精准的决策依据。

不同的调研工具和方法各有优缺点，适用于不同的研究场景。问卷调查简便易行，能够快速收集大样本数据，但难以深入探究复杂问题。访谈能够获得丰富、深入的定性数据，但样本量有限，代表性不足。大数据分析覆盖面广，实时性强，但也面临数据质量参差不齐、隐私保护等问题。因此，研究者需要根据研究目的、目标受众特点等因素，灵活选择和组合多种调研工具与方法，扬长避短，优势互补，才能全面、准确地把握受众需求，为文化产业创新提供有力支撑。

二、文化产业创新的市场细分与选择

（一）市场细分的原则与方法

市场细分是现代营销理念的重要体现，它要求企业深入洞察消费者的需求特点和行为模式，有针对性地开发产品和服务，以实现资源的优化配置和市场竞争力的提升。在文化产业创新的语境下，市场细分对于文化企业准确把握市场脉搏、提高创新成功率具有关键意义。

从消费者行为视角切入，文化产业创新的市场细分应遵循差异性、可测性、可及性、可盈利性等基本原则。其中，差异性原则强调不同消费群体在需求特点、消费偏好等方面存在显著差异，这是市场细分的前提和基础。例如，在数字音乐市场中，不同年龄段的消费者在音乐风格、欣赏方式、付费意愿等方面表现出明显的代际差异，这为数字音乐平台提供了细分市场的可能性。

可测性原则要求细分的市场具有明确的界定标准和数据支撑，这有助于文化企业评估市场规模、预测消费趋势。以主题公园为例，对游客人口统计特征如年龄、性别、家庭结构等进行细致划分，并进行客流量、消费水平的数据分析，能够为主题公园的规划布局、项目设置提供精准的决策参考。

可及性原则强调文化企业能够通过有效渠道触达目标细分市场，这对于制定营销传播策略至关重要。以艺术品拍卖市场为例，高净值人群无疑是细分的目标市场，拍卖行需要通过私人宴请、高端杂志、社交名媛等渠道建立与潜在买家的联系，提高市场可及性。

可盈利性原则要求细分市场能够为文化企业带来持续、稳定的利润回报。动漫游戏产业中，二次元用户无疑是最具价值的细分市场，他们对于衍生品、周边商品有着极高的购买热情和付费意愿，这为动漫游戏企业创造了丰厚的利润空间。

基于以上原则，文化企业可以采取多种维度和方法进行市场细分。从消费者特征来看，可以选择人口统计变量如年龄、性别、收入水平，也可以选择心理变量如个性、生活方式、价值观等。消费者行为变量如使用率、使用场景、偏好属性等也是重要的细分依据。以数字阅读市场为例，可以根据读者的阅读频率、阅读时长、付费习惯等指标，将其划分为重度用户、轻度用户、免费用户等不同群体，并采取差异化的产品内容和营销策略。

在文化产业创新的进程中，市场细分理念得到了广泛运用和持续深化。它要求文化企业以消费者行为为导向，遵循差异性、可测性、可及性、可盈利性等基本原则，采取多维度的细分方法，实现资源的聚焦投放和精准营销。只有不断提升市场细分的策略和技术，文化企业才能紧跟市场需求的变化，持续推进产品和服务创新，在激烈的市场竞争中赢得先机。市场细分理念也必将在文化产业创新实践中得到更加深入、系统、动态的发展，为文化企业的转型升级提供智力支持和决策参考。

（二）市场选择的战略意义

市场选择在文化产业创新中具有重要的战略意义。面对日益激烈的竞争环境，文化企业只有精准定位目标市场，集中优势资源，才能在错综复杂的市场格局中立于不败之地。

市场选择有助于文化企业聚焦核心优势，避免陷入同质化竞争的泥淖。通过细分市场需求，识别目标受众群体，文化企业能够在特定领域深耕细作，以差异化的创新产品和服务满足消费者的个性化需求。这不仅能够提升企业的市场竞争力，还能培育出忠诚度高、黏性强的核心用户群，为企业的可持续发展提供源源不断的动力。

市场选择也是文化企业优化资源配置、提高投入产出比的关键举措。在市场细分的基础上，企业可以有针对性地投放创新资源，在产品研发、内容生产、营销推广等环节实现精准发力。这种有的放矢的资源配置方式，不仅能够降低创新成本，规避无效投入，还能最大限度地激发创新活力，缩短创新周期，加速新产品、新业态的孵化和推广。与之相对，如果企业在市场选择上缺乏战略考量，盲目扩张，分散资源，就难以在激烈的市场竞争中脱颖而出，更谈不上实现创新驱动、培育核心竞争力。

市场选择还关乎文化企业对市场变化的敏感性和应变能力。唯有立足细分市场，深入洞察消费者需求动向，企业才能及时捕捉新的市场机遇，快速作出响应。这种对市场的精准感知和快速反应，是文化企业实现创新突破、引领行业发展的关键所在。相反，如果企业对市场变化反应迟钝，创新脱离市场需求，就可能错失发展良机，甚至陷入创新误区，付出高昂代价。

文化企业要建立起完善的市场监测和分析机制，持续跟踪市场动向，深入了解消费者偏好，不断优化市场定位和创新策略。只有在精准把握市场脉搏的基础上，以创新驱动发展，以消费者需求为导向，文化企业才能在激烈的市场竞争中赢得先机，实现基业长青。

（三）针对性市场策略的制定

在文化产业创新的进程中，精准的市场定位与差异化策略的制定至关重要。只有深入洞察目标受众的需求偏好，准确把握市场发展动态，企业才能在激烈的竞争中脱颖而出，塑造独特的品牌形象。这不仅需要文化企业具备敏锐的市场洞察力和前瞻性思维，更需要在创新实践中不断积累经验，提炼出一套行之有效的市场策略体系。

从消费者行为入手，开展精细化的市场细分，是制定差异化策略的基础。文化企业要充分认识到，即便在同一细分市场内，消费者的偏好也并非一成不变。唯有持续跟踪消费动态，捕捉用户需求变化的微妙信号，才能做到对症下药，精准匹配。同时，市场细分绝非简单的人口统计学划分，更应关注消费者的心理特征、价值追求等深层次因素。唯有如此，才能挖掘出真正驱动消费行为的关键因素，为差异化定位提供可靠依据。

在明晰目标市场的基础上，文化企业还需要立足自身禀赋，凝练差异化特质。这种特质可能源于企业的历史积淀、独特资源，也可能来自管理团队的理念创新、专业素养。无论如何，找准自身优势所在，并将其转化为难以复制的竞争力，是实现差异化定位的关键。这一过程需要企业审慎权衡，既要避免盲目跟风、同质化竞争，又要防止脱离市场实际，过度包装自身。只有在差异性与市场接受度之间达成微妙平衡，品牌形象才能获得消费者的广泛认同。

差异化的塑造还应贯穿文化产品创新的全过程。无论是内容策划、形式设计，还是传播推广、用户服务，每一个环节都蕴藏着创新的可能。文化企业要敢于突破固有思维，以创新的眼光审视产业链条的每一个节点，发掘独特的表达方式和服务模式。同时，还要注重创新成果的转化应用，通过持续的迭代优化，不断强化差异化优势，以期在消费者心智中占据鲜明位置。

随着市场环境的变迁，消费者需求的升级，企业必须适时调整策略，重新审视自身定位。这就要求文化企业保持战略定力，坚持差异化发展方向不动摇，同时又要彰显战术灵活性，根据市场反馈及时优化调整。唯有在坚持与变通中找到平衡，才能确保差异化策略的延续性和有效性。

三、差异化市场定位与竞争优势构建

（一）分析文化产业内在差异化因素

文化产业创新的差异化是提升市场竞争力、实现可持续发展的关键。随着经济社会的不断进步和消费需求的日益多元化，文化产业面临着前所未有的机遇和挑战。在这一背景下，深入分析文化产业内在的差异化因素，对于推动文化产业创新发展具有重要意义。

内容创意是文化产业差异化竞争的核心要素。与传统产业不同，文化产业的核心价值在于创意和内容，而非单纯的产品或服务。独特、新颖、吸引人的内容创意能够打动消费者的心灵，满足其精神文化需求，从而在市场竞争中脱颖而出。因此，文化企业要想实现差异化发展，必须始终坚持内容为王，不断提升内容创意能力。这就要求企业深入洞察消费者需求，把握时代脉搏，积极探索创新表现形式和传播渠道，用优质内容吸引和留住消费者。

用户体验也是文化产业差异化的重要维度。在数字时代，消费者不再满足于被动接受文化产品，而是渴望参与、互动、共创，成为文化生产和传播的主体。因此，以用户为中心，提供个性化、沉浸式、互动性强的文化体验，已经成为文化企业差异化经营的重要手段。例如，一些出版企业尝试利用大数据、人工智能等技术，为读者提供个性化的阅读推荐和互动体验；一些演艺企业通过技术手段增强现场互动，让观众成为表演的一部分；一些文博企业利用虚拟现实、增强现实等技术，为游客提供沉浸式、多感官的参观体验。通过这些创新实践，文化企业能够满足用户日益升级的体验需求，增强用户黏性和忠诚度。

跨界融合也是文化产业差异化的重要路径。随着技术的飞速发展和消费需求的不断升级，单一文化形态越来越难以满足消费者的多元化需求。通过跨界融合，文化企业可以打破传统业态边界，实现资源整合和优势互补，创造出全新的文化产品和服务。例如，文学与影视、游戏、动漫等产业的融合，催生了一系列IP改编热潮；非遗与旅游、餐饮、时尚等产业的融合，催生了一批文创新业态；戏曲与科技、教育等领域的融合，催生了沉浸式戏曲体验等新形态。这些跨界融合不仅拓宽了文化产业的发展空间，也为消费者提供了更加丰富多元的文化选择。

（二）竞争优势评估方法

竞争优势评估是文化产业创新市场定位与策略制定过程中的关键环节。它通过系统分析文化企业内外部资源禀赋，识别其独特的价值主张和核心竞争力，为差异化市场定位提供决策支持。具体而言，竞争优势评估需要在动态的市场环境中权衡文化企业的资源、能力和外部机会，明确其难以模仿和替代的独特优势。

从资源基础理论视角看，文化企业的内在差异化因素是其竞争优势的根本来源。这些差异化因素可能源自企业所拥有的稀缺资源，如知识产权、品牌声誉、创意人才等；也可能源自企业的独特能力，如快速的产品研发能力、敏捷的市场响应能力等。竞争优势评估需要系统盘点文化企业的资源禀赋，分析这些资源和能力在市场竞争中的价值、稀缺性、不可模仿性和不可替代性，判断其能否转化为可持续的竞争优势。

从市场导向理论视角看，文化企业的竞争优势还取决于其对市场需求的把握和响应能力。单纯依靠内部资源无法保证企业的竞争力，关键在于将内部资源与外部机会相匹配、持续创造顾客价值。竞争优势评估需要深入洞察目标市场的特点和趋势，了解消费者的偏好变化，评估文化企业的市场响应能力。只有根植于市场需求，持续创新，才能在激烈的市场竞争中赢得先机。

竞争优势评估的实施路径可以借鉴 SWOT 分析、VRIO 分析等战略管理工具。通过系统梳理文化企业的内部优劣势以及外部机会与威胁，可以初步勾勒出企业的战略选择空间。进一步地，运用 VRIO 分析框架，可以深入评估企业资源和能力的价值性、稀缺性、不可模仿性和组织支撑性，甄别其中的核心竞争力。在此基础上，还需要动态地分析竞争优势的可持续性，评估竞争对手的反应能力，以及技术变革、消费升级等外部因素的影响。只有经得起市场检验的、动态演化的竞争优势，才能为文化企业的差异化市场策略提供坚实基础。

（三）创新模式下的差异化市场战略实施

在互联网时代，文化产业创新面临着前所未有的机遇和挑战。如何在激烈的市场竞争中脱颖而出，实现差异化发展，已成为文化企业亟须解决的现实问题。差异化市场战略的实施，离不开互联网技术的有力支撑。互联网技术为文化内容的创新传播提供了广阔的平台和多元化的渠道，使得文化企业能够更加精准地触达目标受众，满足其个性化需求。

具体而言，文化企业可以借助互联网技术的优势，推动内容生产与传播模式的创新。一方面，互联网为用户参与内容生产提供了便利条件。文化企业可以通过构建互动平台，鼓励用户参与内容创作和评论，实现用户生成内容（UGC）与专业生产内容（PGC）的有机结合。这种参与式生产模式不仅能够激发用户的创造力和参与热情，还能为文化产品注入新的活力和创意。另一方面，互联网为文化内容的精准分发提供了有力支持。文化企业可以运用大数据技术，深入分析用户的行为特征和偏好，实现内容的智能推荐和个性化投放。这种基于用户画像的精准传播策略，能够最大限度地提升文化产品的转化率和用户黏性。

文化企业还可以利用互联网技术，构建差异化的产品形态和服务模式。传统的文化产品形式相对单一，难以满足多元化的用户需求。而互联网技术的发展，为文化产品的形态创新提供了无限可能。例如，文化企业可以利用虚拟现实（VR）、增强现实（AR）等技术，打造沉浸式的文化体验产品，带给用户全新的感官体验。又如，文化企业可以基于移动互联网平台，开发面向细分用户群体的垂直型文化服务，提供个性化、定制化的文化消费解决方案。这些差异化的产品形态和服务模式，能够有效满足用户的多样化需求，提升文化企业的核心竞争力。

文化企业还应重视与互联网平台的战略合作，实现差异化内容在不同平台的联动传播。在互联网时代，单一平台难以触达所有目标用户。文化企业需要根据自身的内容特点和受众特征，选择与之匹配的互联网平台，实现内容的交叉推广和多元曝光。通过与视频、社交、电商等不同类型平台的深度合作，文化企业可以实现内容形态的多样化呈现，拓展传播渠道，提升品牌影响力。同时，跨平台的联动传播还能产生“1＋1＞2”的协同效应，实现差异化内容价值的最大化释放。

文化企业要立足自身特色，找准差异化定位，并积极运用互联网技术，推动内容生产与传播模式的创新，构建差异化的产品形态和服务模式，实现跨平台的联动传播。只有不断强化互联网思维，深度融合互联网技术，文化企业才能在激烈的市场竞争中突围而出，实现可持续发展。文化产业创新的未来，必将在互联网技术的加持下焕发更加绚丽的光彩。

四、基于市场定位的产品与服务创新策略

（一）产品与服务创新的理念

在互联网时代，文化产业创新的产品与服务必须紧跟市场趋势与技术发展，才能获得持续的竞争优势。这就要求文化企业树立创新理念，重视产品与服务创新在企业发展中的战略地位，不断探索创新路径，提升创新能力。

从理念上看，产品与服务创新要以市场需求为导向，以技术进步为支撑。一方面，文化企业要深入分析目标受众的消费偏好和行为特征，洞察市场动态，捕捉新的消费趋势和商业机会。只有站在消费者的角度思考问题，创新的产品和服务才能真正满足用户需求，赢得市场认可。另一方面，文化企业还要密切

关注新技术发展，主动将先进技术应用于产品研发和服务优化。在互联网时代，云计算、大数据、人工智能等新技术日新月异，为文化产业创新提供了广阔空间。唯有以开放包容的心态拥抱技术变革，主动融合新技术元素，才能推动产品形态的升级迭代，创造出更加智能化、个性化、沉浸式的文化消费体验。

从路径上看，产品与服务创新要坚持以用户价值为核心，注重内容、形式、渠道等维度的协同创新。首先，内容是文化产品的灵魂。文化企业要深耕内容品质，突破思维定式，以更加开放、包容的视角讲好中国故事，创作出思想深刻、艺术精湛、形式新颖的优质内容。其次，形式创新有助于提升内容价值。在互联网语境下，文化企业要积极运用沉浸式体验、虚拟现实、互动叙事等新形式，通过对传统内容的重组、再造，创造出沟通情感、引发共鸣的沉浸式文化体验。渠道创新对于扩大用户触达、提高产品曝光至关重要。文化企业要顺应互联网传播特点，充分利用算法推荐、社交分享、跨界营销等新渠道，实现产品价值的快速放大。

从能力上看，产品与服务创新是一项系统工程，需要企业在战略规划、组织建设、流程优化、团队培养等方面系统发力。战略上，文化企业要将创新摆在战略高度，制订长远的创新规划，为创新发展提供持续动力。组织上，要建立扁平化、矩阵式的创新组织，打破部门壁垒，促进跨部门协同。流程上，要建立规范化、标准化的创新流程，完善创意孵化、产品研发、测试迭代等环节，提高创新效率。人才上，要加强创新型人才的引进和培养，搭建创新人才成长平台，激发员工创新活力。

（二）针对不同市场定位的产品策略设计

针对不同市场定位的文化产品，其创新策略设计需要从内容、形式和传播等多个维度入手。内容创新是文化产品的灵魂所在。企业必须深入洞察目标受众的需求偏好，精准把握市场脉搏，才能创作出引人入胜、击中人心的内容。对于追求艺术品位的高端市场，文化产品应着重彰显深厚的人文内涵和独特的美学价值；而面向大众消费的产品，则要在贴近生活的同时，寓教于乐，传递正能量。无论何种定位，内容创新都要立足传统，融汇当代，以创造性转化和创新性发展来实现文化价值的提升。

形式创新是提升文化产品吸引力和竞争力的关键。在互联网时代，新技术新媒体层出不穷，为文化产品的呈现方式带来了无限可能。企业要敢于突破传统思维的桎梏，积极拥抱数字化、交互化、沉浸式等新形态，以更加生动立体、寓教于乐的方式来呈现内容，增强受众的参与感和代入感。同时，不同市场定位的产品在形式创新上也应有所侧重。比如，面向年轻群体的产品可以大胆尝试短视频、H5、AR/VR等新奇有趣的形式；而面向成熟群体的产品则可以在典雅细腻中见创新，用高品质的设计提升文化品位。形式创新要与内容创新相得益彰，服务于产品的内在价值表达。

传播创新是让优质文化产品走向更广阔市场的必由之路。在信息爆炸的时代，文化产品要获得关注，必须找准渠道，精准触达。企业要善于利用大数据分析工具，洞察用户画像和行为轨迹，实现精准投放和个性化推荐。同时，不同市场定位的产品在传播策略上也应有所区别。对于高端文化产品，可以通过跨界合作、名人代言等方式，借助权威媒体和意见领袖的影响力，树立品牌调性；而针对大众市场的产品，则更需要通过社交媒体、KOL等渠道，在互动中实现口碑传播和用户裂变。独特的传播创意也是吸睛制胜的法宝。"现象级"的文化产品往往源于出其不意的跨界碰撞和事件营销，在刷屏中实现爆红。

文化产品的创新之道在于系统性、多维度地思考。从内容到形式，从生产到传播，每一个环节都蕴藏着创新的机遇和空间。企业要立足市场定位，深谙用户需求，整合多方资源，破除思维定式，在动态优化中找寻创新的源泉活水。唯有如此，才能推陈出新，不断塑造出引领时代潮流的文化精品，在激烈的市场竞争中立于不败之地。文化产业的创新发展之路任重道远，需要产业、学界、政府等多方协同发力，在继承传统的基础上，以开放包容的心态拥抱时代变革，从而实现文化软实力的跨越式提升。

（三）服务创新在文化产业中的应用与挑战

服务创新是提高文化产业用户参与度和满意度的关键举措。随着互联网技术的迅猛发展，传统的文化服务模式已经难以满足用户日益多元化、个性化的需求。因此，深入分析用户需求特点，创新服务理念和方法，已成为文化企业增强市场竞争力的重要途径。

用户参与是服务创新的核心要义。在互联网时代，用户不再是被动的文化产品和服务的接受者，而是积极参与文化生产和传播过程的主体。文化企业要充分尊重和信任用户，鼓励其对文化产品和服务提出意见和建议，参与产品设计、内容生产等环节。只有让用户真正成为文化创意的主人，调动其参与的积极性和创造性，才能源源不断地获得创新灵感，打造贴近用户需求的优质产品。

数字技术为用户参与提供了广阔空间。文化企业应积极运用大数据、人工智能等新技术，精准分析用户行为特征和偏好，为其提供个性化、智能化的文化服务。例如，视频网站可以根据用户的观影记录和评分，利用推荐算法为其量身打造影视内容榜单；数字阅读平台可以通过用户阅读行为分析，向其推送感兴趣的图书和文章。这些做法不仅能够增强用户黏性，提高其使用频率和时长，还能够实现精准营销，挖掘新的盈利增长点。

服务创新的另一重点是提升用户体验。优质的文化产品固然重要，但如果没有与之匹配的优质服务，用户满意度仍然会大打折扣。因此，文化企业要从用户角度出发，站在用户立场设身处地考虑问题，力求为用户提供便捷、舒适、有温度的服务体验。这就要求企业在服务流程设计、服务人员培训、服务质量监测等方面下足功夫，建立起完善的服务质量保障体系。

优化线上线下服务渠道，为用户提供无缝衔接、全方位的服务也十分必要。线上渠道要注重页面设计美观、操作便捷人性化，线下渠道要营造舒适温馨的环境氛围，提供热情周到的现场服务。二者相得益彰，才能最大限度地满足用户需求，让其有宾至如归之感。

开展特色服务，增强文化体验的仪式感和互动性也是服务创新的有效方式。例如，博物馆可以开展文物鉴赏、古法制作等沉浸式体验项目，让观众近距离感受传统文化的魅力；主题公园可以策划特色演艺活动，为游客营造梦幻奇妙的互动体验。这些做法能够唤起用户的情感共鸣，激发其文化参与的热情，将单向灌输式的文化传播转变为双向互动式的精神交流。

第四章　互联网背景下文化产业的商业模式创新

第一节　线上线下融合的商业模式

一、O2O 模式介绍

（一）O2O 模式的定义与核心理念

O2O（Online to Offline）模式是一种将线上流量引导至线下消费的商业策略，其核心理念在于打通线上线下渠道，实现互联网和实体经济的深度融合。随着移动互联网的快速发展和消费者需求的日益多元化，O2O 模式已经成为文化产业商业模式创新的重要方向。

文化产业作为一个多元、融合的产业体系，涵盖了文化创意、文化传播、文化消费等多个环节。在互联网时代，文化产业的商业模式必须紧跟时代步伐，利用新技术、新平台来重塑产业价值链。O2O 模式正是顺应这一趋势而生，它通过整合线上线下资源，为文化企业提供了新的增长点和竞争优势。

从本质上讲，O2O 模式是以用户需求为导向，以数据驱动为基础，以体验优化为目标的商业模式创新。它利用互联网平台的海量用户和便捷性，引导消费者从线上走向线下，从虚拟走向现实。在这个过程中，文化企业可以深入洞察用户行为和偏好，进行精准营销和个性化服务，提升用户黏性和忠诚度。同时，线下实体店的体验优势也能得到充分发挥，增强品牌影响力和美誉度。

具体来说，O2O 模式在文化产业的应用主要体现在以下几个方面：

一是线上推广与线下体验的结合。文化企业可以通过互联网平台进行产品展示、活动预告、在线预订等，吸引用户线下体验和消费。比如，一些博物馆、美术馆通过官网或公众号发布展览信息，提供在线购票服务，方便观众提前规划参观行程。而线下参观则能带来更加直观、沉浸式的文化体验，增进公众对文化的理解和喜爱。

二是虚拟社区与实体空间的融合。文化企业可以借助社交媒体、粉丝经济等构建线上社群，与用户形成良性互动。这些虚拟社区不仅是宣传推广的渠道，更是凝聚人气、沉淀口碑的平台。而通过线下文化空间的打造，如主题书店、文创园区、剧本杀店等，则可以为社群成员提供交流互动、休闲娱乐的场所，拉近企业与消费者的距离，培育忠实用户。

三是在线售卖与现场服务的对接。许多文化产品和服务具有即时性、互动性的特点，需要在特定时空中完成。O2O 模式可以利用互联网渠道进行产品推介、在线下单，提升销售转化率。同时将服务流程前置到线上，优化现场体验，提高服务效率。比如，一些演出机构通过线上售票系统销售门票，观众可以选座、付款、取票，减少现场排队等候的时间，以更好的心情投入演出本身。

四是数据采集与精准营销的结合。O2O 模式为文化企业提供了全域数据采集的可能，包括用户浏览、交易、评价、互动等行为数据。通过对这些数据的分析挖掘，企业可以洞察用户特征和需求，进而开展有针对性的营销。比如，根据用户的购买历史和偏好，推荐相关的文化产品和服务；根据用户的位置信息，推送附近的文化活动和优惠讯息。这种数据驱动的精准营销能够显著提升营销效率和投资回报。

（二）O2O 模式的发展历程与现状

O2O 模式的发展历程可以追溯到 20 世纪 90 年代末期，当时电子商务开始兴起，但仍处于起步阶段。这一时期，O2O 的雏形初显，主要表现为企业利用互联网进行产品展示和信息发布，引导消费者到线下门店消费。进入 21 世纪，随着互联网技术的快速发展和网民规模的不断扩大，O2O 迎来了快速成长期。2010 年前后，团购网站如雨后春笋般涌现，标志着 O2O 模式正式进入大众视野。这一时期的 O2O 以餐饮、娱乐等本地生活服务为主，通过价格优惠吸引消费者线上下单，线下体验消费，初步实现了线上与线下的结合。

2014 年被称为“O2O 元年”，这一年 O2O 市场热度达到顶峰。互联网巨头纷纷布局 O2O，BAT（百度、阿里巴巴、腾讯）等企业通过投资并购进入这一领域，各行各业掀起了一股 O2O 热潮。这一时期涌现了大量 O2O 创业项目，涵盖餐饮、出行、社区服务等多个领域，使 O2O 模式得到广泛应用。然而，良莠不齐的 O2O 项目也带来了诸多问题，如恶性价格竞争、用户体验不佳等，导致行业进入调整期。

经过一轮洗牌后，O2O 行业逐渐走向理性和成熟。领先企业开始注重商业模式创新和用户体验提升，通过技术手段加强线上线下的融合，提供个性化、多样化的服务，渗透到消费者生活的方方面面。同时，O2O 模式开始向更多垂直领域延伸，在医疗、教育、房产等行业得到应用。随着大数据、人工智能等新兴技术的发展，O2O企业开始利用数据驱动实现精准营销和服务优化，不断增强用户黏性。

如今，O2O已经成为商业模式创新的重要方向，深刻影响并重塑了各行各业的发展格局。在零售、餐饮、出行、家政、教育等领域，O2O已成为主流消费方式，极大地满足了消费者“线上下单、线下体验”的需求。O2O巨头如美团、饿了么等已发展成为“独角兽”企业，成为行业发展的中坚力量。

从起步到快速发展，再到成熟应用，O2O模式经历了一个由量变到质变的过程。未来，O2O将进一步与社交、支付等领域融合，加速线上线下场景互联互通，为消费者提供更加便捷、智能、高效的服务。同时，O2O还将从生活服务领域向更广阔的产业空间延伸，助力传统行业数字化转型升级。可以预见，随着5G、物联网、人工智能等新兴技术的发展，O2O将迎来更大的创新空间和增长潜力，成为数字经济时代商业模式变革的重要引擎。

二、线下体验与线上购买的结合

（一）线下体验的重要性与线上购买的便捷性

线下体验与线上购买的融合是文化产业商业模式创新的重要方向。在互联网时代，消费者对文化产品和服务的需求日益多元化和个性化，单一的线上或线下模式已难以满足其需求。因此，文化企业必须积极探索线上线下结合的新型商业模式，为消费者提供更加便捷、高效、优质的文化消费体验。

线下体验在文化消费中发挥着不可替代的作用。对于许多文化产品，如艺术品、手工艺品、高端服装等，消费者往往需要亲身感受其质地、工艺、色彩等属性，才能做出购买决策。同时，线下体验还能为消费者提供沉浸式的文化氛围，激发其情感共鸣和消费欲望。例如，一家精心设计的实体书店，不仅能让读者亲手翻阅心仪的书籍，感受纸质书的魅力，还能营造静谧雅致的阅读环境，满足读者的精神需求。通过这种身临其境的体验，实体书店能够吸引更多读者驻足，提高其购买转化率。

而线上购买则凭借其便捷性和广泛性，为文化消费注入了新的活力。借助电商平台和移动App，消费者可以随时随地浏览海量的文化产品，并以最快速度完成购买。特别是对于数字化的文化产品，如电子书、数字音乐、在线课程等，线上渠道往往是最高效、最经济的获取方式。同时，大数据分析、个性化推荐等互联网技术的应用，也极大提升了消费者的线上购物体验。例如，一个在线音乐平台可以根据用户的收听记录和偏好，智能推荐其可能感兴趣的歌曲和歌手，不断提高用户黏性和付费转化率。

然而，线下体验与线上购买并非对立的关系，二者的深度融合才是文化产业商业模式创新的必由之路。一方面，线下体验可以为线上购买导流。文化企业可以利用线下场景，如展览、讲座、沙龙等，吸引消费者到店体验，增强其品牌认知和好感度，继而引导其在线上平台完成购买。另一方面，线上数据又可以反哺线下运营。企业可以利用线上平台收集用户行为数据，深入洞察其需求特点，并据此优化线下体验，提供个性化服务。例如，一家美术馆可以分析线上票务数据，发现青年观众的参观高峰时段，从而有针对性地开设夜场，满足其休闲娱乐需求。

线上线下会员体系和积分制度的打通，也是实现融合发展的重要手段。通过建立统一的会员账户，文化企业可以实现用户数据和权益的线上线下互通，提高顾客黏性和忠诚度。例如，一家连锁影城在会员体系中设置线上购票积分、线下消费积分等多重权益，并推出积分商城，让用户可以灵活兑换线上线下优惠，从而形成良性的消费闭环。

（二）融合模式下的营销策略与技术应用

融合线上线下的营销策略与技术应用正成为文化产业商业模式创新的关键路径。在互联网时代，企业必须充分发挥数字技术的优势，打造沉浸式、多维度的用户体验，提升客户黏性和品牌影响力。具体而言，文化企业可以利用大数据、人工智能等技术手段，精准洞察用户需求，实现个性化推荐和智能化服务。例如，视频网站可以基于用户观看历史、搜索记录等数据，为其推荐感兴趣的节目和相关产品；在线教育平台则可以通过智能算法，为学生制定个性化学习方案，提供有针对性的课程内容。

文化企业还应注重线上线下渠道的有机融合，构建全渠道、立体化的营销体系。一方面，企业可以利用线上平台的交互性和便捷性，为用户提供丰富的信息和服务，如在线咨询、在线预订、在线支付等，提升用户体验和消费便利度。另一方面，企业也要重视线下体验的塑造，通过高品质的实体空间设计和人性化的服务，为用户营造身临其境的感官享受。比如，一些博物馆和美术馆引入 AR、VR 等技术，让参观者可以身临其境地感受历史场景和艺术氛围；而一些体验式书店则通过咖啡吧、读书角等设计，营造温馨舒适的阅读环境，吸引读者驻足停留。

文化企业还应积极探索社交媒体、短视频等新兴平台的营销价值，利用互联网的传播优势，实现精准触达和口碑传播。企业可以通过官方账号、KOL合作等方式，在社交平台上持续推出优质内容，吸引粉丝关注和互动；也可以鼓励用户参与话题讨论、分享心得体验，形成裂变式传播效应。同时，企业还可以利用直播、短视频等形式，展示产品特色，讲述品牌故事，拉近与用户的情感距离。例如，一些出版社邀请作者在直播平台上与读者互动，分享创作心得和生活感悟；而一些文创品牌则通过Vlog、ASMR等创新形式，展示产品的设计理念和制作过程，吸引年轻用户的关注。

三、实体店与虚拟店的互补优势

（一）实体店的传统优势与虚拟店的网络优势

实体店与虚拟店在商业模式上各有优势，二者的融合创新正在成为文化产业发展的重要趋势。传统实体店凭借其场景化、体验式的优势，为消费者提供了更加直观、沉浸式的文化消费体验。消费者可以在实体店中亲身感受文化产品的魅力，与文化服务提供者面对面互动交流，获得更加真实、立体的文化感受。同时，实体店还能够利用其空间布局和环境氛围，营造独特的文化消费场景，吸引消费者驻足、体验和消费。

而虚拟店则以其便捷性、广泛性和个性化等优势，为消费者提供了更加灵活多样的文化消费选择。借助互联网技术，虚拟店突破了时空限制，使消费者能够随时随地浏览、选购各种文化产品和服务。海量的文化资源和智能化的推荐算法，也让虚拟店能够根据消费者的喜好和需求，提供个性化的文化消费体验。虚拟店还能够通过在线社区、直播互动等方式，促进消费者与文化从业者之间的交流互动，拓展文化消费的广度和深度。

在互联网时代，实体店与虚拟店的融合创新已经成为文化产业商业模式变革的必由之路。许多文化企业开始探索“线上＋线下”的全渠道运营模式，将实体店的体验优势与虚拟店的便捷优势相结合，为消费者提供更加丰富、立体的文化消费体验。例如，一些图书零售企业在实体书店中引入数字阅读区，让消费者能够在体验纸质书籍的同时，也能便捷地浏览、购买电子书。一些艺术品交易平台则借助 VR、AR 等技术，为消费者提供身临其境的艺术品鉴赏体验，同时也提供在线交易、定制等服务。

实体店与虚拟店融合的关键在于发挥各自优势，实现优势互补和资源整合。实体店应着力打造沉浸式、体验式的文化消费场景，提供更多增值服务和互动体验，提升消费者的到店率和参与度。同时，实体店也要积极拥抱互联网技术，将线下体验与线上服务相结合，实现全渠道运营。而虚拟店则应借助大数据、人工智能等技术，不断提升个性化推荐和智能化服务水平，为消费者提供更加便捷、高效的文化消费体验。虚拟店还应加强与实体店的联动，通过引流、互推等方式，实现线上线下的无缝连接和资源共享。

（二）互补策略在行业中的应用分析

互补策略在文化产业的线上线下融合商业模式中发挥着至关重要的作用。通过实体店与虚拟店的优势互补，文化企业能够为消费者提供更加丰富、多元的文化产品和服务，满足其个性化需求。以当当网为例，作为国内领先的在线图书零售商，当当网充分利用互联网的便捷性和覆盖面，为消费者提供了海量的图书选择。然而，仅仅依靠线上渠道，当当网难以为读者提供沉浸式的阅读体验和面对面的互动交流。为了弥补这一不足，当当网开设了线下实体书店，通过舒适的阅读环境、定期的读书活动，增强了与读者的情感联结。同时，实体书店还能够起到展示平台的作用，带动图书的线上销售。线上线下融合的商业模式使当当网真正实现了“线上买书、线下体验”的全渠道运营，扩大了用户群体，提升了用户黏性。

互补策略对于提升用户体验、增强品牌影响力也有着重要意义。以乐高为例，作为全球知名的玩具品牌，乐高在线上渠道建立了功能强大的数字化设计平台，消费者可以根据自己的创意自由搭建模型。同时，乐高还在线下开设了乐园、专卖店等场景化体验空间，为消费者提供了与乐高产品零距离互动的机会。通过数字化平台与线下体验空间的完美结合，乐高为消费者打造了独特的“乐高式”体验，深化了用户对品牌的认知和情感。

互补策略还有助于实现产业链条的延伸和价值的提升。以故宫博物院为例，近年来，故宫博物院积极探索“文创＋互联网”的发展路径。一方面，故宫借助互联网开设线上商城，销售融合了传统文化元素的创意产品，让“文物活起来”；另一方面，故宫线下积极开展形式多样的展览和文化活动，提供沉浸式的文化体验。线上销售与线下展览的有机结合，不仅盘活了故宫丰厚的文化资源，也通过文创产品和文化活动拉动了消费，延伸了博物馆的产业链条，实现了社会效益与经济效益的双丰收。

四、线上线下会员体系与积分制度

（一）会员体系的构建原则与积分制度的设计思路

会员体系和积分制度是现代企业维系客户关系、提升用户忠诚度的重要手段。在互联网时代，线上线下融合的商业模式为企业构建会员体系提供了新的思路和可能性。基于大数据技术，企业能够更加精准地洞察用户需求，为其提供个性化、差异化的服务，从而增强用户黏性。同时，积分制度的设计也更加灵活多样，能够有效激励用户的消费行为，提高其活跃度和忠诚度。

从顾客视角来看，完善的会员体系和积分制度能够带来更加便捷、优质的消费体验。通过注册成为会员，顾客可以享受到专属优惠、定制服务等特权，感受到自身价值的提升。而积分的累积和兑换过程本身就是一种游戏化体验，能够满足顾客的成就感和参与感。会员之间的互动交流也有助于形成品牌社群，增强顾客对品牌的认同感和归属感。

对于企业而言，会员体系的构建需要遵循一定的原则。首先，要明确会员分层的标准，根据顾客的消费频次、消费金额等指标进行合理划分，提供差异化的权益和服务。其次，要注重会员数据的采集和分析，通过数据挖掘掌握顾客的消费习惯、偏好特征，为精准营销奠定基础。最后，要建立完善的会员管理制度，包括会员注册、积分查询、积分兑换等环节，确保体系运行的规范性和便捷性。

积分制度的设计也需要符合一定的思路。一方面，积分获取的规则要简单明了，并与顾客的消费行为紧密关联。比如，可以根据消费金额、消费频次、互动参与等维度赋予不同的积分权重。另一方面，积分使用的场景要丰富多元，不仅包括兑换商品、享受折扣，还可以延伸至专享活动、生日祝福等情感关怀。积分的效力期限也要合理设置，既要激励顾客及时使用，又要避免积分贬值过快，损害顾客利益。

会员体系和积分制度的构建是一个持续优化的过程。企业需要根据市场反馈和顾客需求，不断调整完善相关策略。比如，可以定期开展会员等级晋升活动，鼓励顾客提升消费；针对不同等级的会员，提供专属的节日礼包、生日祝福等关怀服务；对于长期不活跃的会员，可以主动触达，了解其需求，提供有针对性的激励措施。只有与时俱进，动态优化，才能真正发挥会员体系和积分制度的作用。

（二）线上线下融合的会员管理策略

线上线下融合的会员管理策略是企业提升用户参与度和消费频次的有效途径。在互联网时代，单一的线上或线下会员管理模式已难以满足消费者日益个性化、多元化的需求。因此，越来越多的企业开始探索线上线下一体化的会员运营方式，力求在丰富会员权益、优化消费体验、精准营销推送等方面实现突破和创新。

要实现线上线下会员体系的深度融合，首要任务是构建统一的会员数据平台。企业需要打通线上线下数据壁垒，整合消费者在不同渠道、不同场景下的行为数据，形成完整的用户画像。这不仅需要强大的数据采集和分析能力，更需要跨部门的协调配合和信息共享机制。唯有如此，企业才能全面了解消费者的需求偏好、消费习惯，为精准营销奠定基础。

企业应设计差异化的线上线下会员权益体系。线下实体店可以为会员提供专属礼遇、优先服务、体验活动等福利，提升消费者的归属感和忠诚度。而线上平台则可以为会员定制个性化的商品推荐、专属优惠券、积分加倍等激励措施，刺激消费者的重复购买行为。同时，企业还可以创新线上线下互动玩法，例如通过微信小程序、消费者 App 等载体开展“扫码签到”“到店礼包领取”“社交分享送积分”等营销活动，引导线上消费者到线下实体店消费，反之亦然，实现线上线下会员的相互引流。

线上线下融合的会员管理离不开数据驱动的精细化运营。企业需要持续追踪分析消费者在线上线下的行为轨迹，洞察潜在需求，优化营销内容和投放策略。例如，对于线下门店的新会员，可以借助 LBS 技术，推送附近门店的优惠信息，吸引其到店消费；又如，对于频繁线上浏览、线下购买某一特定商品的消费者，可以定向推送该品类的促销活动或优惠券。总之，要让数据驱动决策，让决策反哺运营，形成线上线下会员运营的良性循环。

第二节　基于大数据技术的商业模式

一、大数据技术概述

（一）大数据的定义与特征

“大数据”（Big Data）这一概念近年来备受关注，它指的是数据量巨大、类型多样、产生和处理速度快，已经超出了传统数据处理系统的能力范畴。大数据的特征可以概括为4V，即Volume（大量）、Variety（多样）、Velocity（高速）和Value（价值）。海量的数据规模、多种多样的数据类型、实时的数据处理速度以及隐藏其中的巨大价值，构成了大数据的核心内涵。

大数据并非昙花一现的时尚概念，而是信息技术发展到一定阶段的必然产物。数字化时代，数据呈爆发式增长。据统计，全球90%以上的数据都是近年来产生的。移动互联网、物联网、云计算等新兴技术的广泛应用，使得数据来源日益丰富，结构日趋复杂。传统的数据存储、处理和分析方法已不能满足海量异构数据的处理需求。大数据技术应运而生，为从海量数据中快速获取有价值信息提供了新的可能。

大数据的底层逻辑是通过机器学习、数据挖掘等技术手段，从海量数据中发现模式和价值。这意味着数据本身蕴含着难以估量的价值，关键在于如何去发掘和利用。事实上，国内外许多互联网巨头已意识到大数据的战略意义，纷纷布局大数据业务，力图在数据驱动的未来抢占先机。

随着数据的进一步积累和大数据技术的成熟，大数据将在更广泛的领域得到应用，成为驱动经济社会发展的新引擎。一方面，大数据可以帮助企业优化业务流程、提升运营效率、创新商业模式。另一方面，大数据也将深刻影响政府决策、社会治理、民生服务等诸多方面。总之，无论是互联网企业，还是传统行业，都需要尽快适应数据驱动的大趋势，主动拥抱大数据时代的到来。

（二）大数据技术的发展历程

大数据技术的发展经历了从数据收集到深度分析的演变过程。早期，大数据技术主要侧重于海量数据的采集、存储和管理。随着信息技术的进步，尤其是分布式计算、云计算等技术的成熟，大数据逐渐从简单的数据积累转向深度挖掘和洞察。这一演变过程体现了大数据技术在应用领域不断拓展、分析能力持续提升的发展轨迹。

在数据收集阶段，大数据技术主要解决了海量异构数据的获取和存储问题。传统的数据库系统难以应对爆发式增长的数据规模和多样性，大数据平台如Hadoop、NoSQL等应运而生。这些平台采用分布式架构，利用廉价的商用服务器集群实现了对PB级别数据的存储和管理。同时，数据采集渠道也从结构化数据扩展到非结构化数据，如社交媒体、传感器、视频、图像等，极大地丰富了数据源。

随着数据积累达到一定规模，如何从海量数据中挖掘有价值的信息成为大数据发展的新课题。这促使大数据技术从数据管理转向数据分析，进入深度分析阶段。机器学习、数据挖掘、自然语言处理等人工智能技术与大数据平台深度融合，形成了强大的数据分析能力。通过对海量数据的分类、聚类、关联、预测等分析，大数据技术可以发现隐藏在数据背后的模式、趋势和规律，为决策提供有力支撑。

大数据分析的应用领域不断拓宽，涵盖了电商推荐、金融风控、智慧城市、精准医疗等诸多方面。以电商推荐为例，大数据技术可以收集用户的浏览、购买、评价等行为数据，通过深入分析用户特征和商品属性，实现个性化、精准化的商品推荐，提升用户体验和转化率。又如在智慧城市领域，大数据技术可以整合交通、能源、环境等多源数据，优化城市资源配置，改善市民生活品质。

大数据技术的发展也带来了数据隐私、安全等新的挑战。海量数据的汇集和分析可能侵犯个人隐私，数据泄露、滥用的风险也不容忽视。因此，在推动大数据技术创新的同时，构建完善的数据安全治理体系、加强个人隐私保护也至关重要。

（三）大数据技术在商业模式创新中的作用

大数据技术的迅猛发展正在深刻改变着各行各业的运营模式，成为驱动商业模式创新的新引擎。在文化产业领域，大数据技术的应用为企业提供了全新的视角和方法，使其能够更加精准地洞察用户需求，优化资源配置，提升运营效率，推动商业模式的变革与创新。

随着互联网和移动技术的普及，文化消费行为正在发生深刻变化。海量的用户行为数据如浏览、搜索、评论、分享等，为文化企业提供了宝贵的市场洞察。通过对这些数据的采集、存储、处理和分析，企业能够全面了解用户的偏好、习惯和需求，从而制定更加精准的内容创作和推广策略。例如，视频网站可以根据用户观看历史、评论等数据，推荐个性化的内容，提高用户黏性和满意度。同时，大数据技术还能帮助企业优化营销渠道和投放策略，提高广告的精准度和转化率，实现营销资源的高效配置。

大数据驱动的个性化推荐是文化产业商业模式创新的重要方向。传统的“大众化”生产模式已经难以满足用户日益多元化、个性化的需求。而大数据技术恰恰为个性化推荐提供了可能。通过对用户行为数据的深度挖掘和分析，文化企业可以构建用户画像，精准匹配用户兴趣，实现“千人千面”的个性化推荐。这不仅能够提高用户体验和满意度，还能促进内容消费，带动相关产品和服务的销售，开辟新的盈利模式。知名的个性化推荐案例如 Netflix、Spotify 等，都充分利用了大数据技术，为用户提供高度个性化的内容服务，实现了商业模式的成功创新。

大数据技术在文化产业运营优化和决策支持方面也发挥着重要作用。通过对内容生产、传播、消费等环节的数据进行分析，文化企业可以实时监测市场反响，优化内容生产流程，改进产品和服务质量。同时，大数据还能为企业的战略决策提供有力支撑。例如，通过对市场趋势、用户画像、竞争对手等数据的综合分析，企业可以把握市场机遇，调整发展战略，实现精准定位和差异化竞争。这些都有助于文化企业在激烈的市场竞争中保持优势地位，实现可持续发展。

二、大数据技术在文化产业中的应用

（一）内容创作与推广

大数据时代，海量信息的积累为文化产业的内容创作与推广提供了新的思路和方法。借助大数据技术，文化企业能够更加精准地洞察用户需求，把握市场动向，创作出更加贴近受众、更具吸引力的文化产品。同时，大数据驱动的精准营销策略也为文化产品的推广提供了有力支撑，帮助文化企业触达目标受众，实现产品价值的最大化。

在内容创作方面，大数据技术的应用主要体现在两个层面。一方面，通过对海量用户数据的挖掘和分析，文化企业可以深入了解用户的兴趣偏好、消费习惯、行为特征等，从而洞察用户的真实需求。这为内容创作提供了方向指引，使得文化产品能够更加契合用户的口味和期待。另一方面，大数据技术还可以帮助文化企业发现潜在的内容创作机会。通过对社交媒体、搜索引擎等平台的数据进行实时监测，文化企业能够及时捕捉热点事件、流行话题，并据此开发相关的文化产品，实现内容创作与市场需求的无缝对接。

在内容推广方面，大数据技术同样发挥着关键作用。传统的内容推广往往采用“广撒网”的策略，缺乏针对性和效率。而大数据驱动的精准营销则可以根据用户的个性化特征，为其推送最感兴趣、最有可能产生互动的内容。这种“千人千面”的推广方式不仅提高了营销的精准度，也大大增强了用户的参与感和黏性。大数据技术还能够帮助文化企业实时监测推广效果，优化推广策略。通过对用户反馈数据的收集与分析，文化企业可以及时发现并改进内容推广中的不足，不断提升营销效果。

大数据技术在文化产业的应用也面临着一些挑战。海量数据的获取与处理需要强大的技术支撑，这对文化企业的数字化转型提出了较高要求。同时，在数据应用的过程中，还需要注重用户隐私的保护，避免过度侵犯个人信息。过度依赖数据分析也可能局限创作的想象力和多样性，导致文化产品同质化的风险。

面对这些挑战，文化企业需要审慎对待大数据技术的应用。在充分发挥大数据优势的同时，也要与传统的创作方法和推广渠道相结合，形成线上线下、数据驱动与人工创意相结合的融合模式。只有在创新中保持克制，在数据利用中坚持人文关怀，才能真正实现大数据技术对文化产业的赋能，推动行业的健康可持续发展。

（二）用户体验与服务优化

大数据技术的发展为文化产业的用户体验优化和服务升级提供了强大动力。通过对海量用户数据的采集、存储、分析和应用，文化企业能够更加全面、精准地洞察用户需求，了解用户行为特征，进而为其提供个性化、差异化的产品和服务。这不仅能够显著提升用户的满意度和忠诚度，更能够帮助文化企业实现精细化运营，提高经济效益和市场竞争力。

具体而言，大数据技术在优化文化产品用户体验方面具有广阔应用前景。以网络文学为例，借助大数据分析，平台可以精准把握读者的阅读偏好、消费习惯等，从而有针对性地进行内容生产和推荐。对于读者喜爱的角色、情节，平台可以增加相关内容的比重；对于读者反感的元素，则可以及时调整和规避。同时，大数据还能够助力网文平台优化用户界面设计，提供更加人性化、便捷化的阅读体验。例如，根据用户的阅读进度、阅读时长等数据，动态调整字体大小、背景亮度，减少用户的视觉疲劳感。

在提升文化服务水平方面，大数据技术同样大有可为。以博物馆为例，运用大数据分析可以实现展览内容的精准投放和个性化讲解。通过对游客参观路线、停留时间、互动行为等数据的采集分析，博物馆可以洞察不同游客的兴趣偏好，从而提供量身定制的参观路线和讲解服务。对于对历史文物感兴趣的游客，系统可以重点推荐相关藏品，并提供深度的历史背景介绍；对于偏爱互动体验的游客，则可以加强多媒体展示和游戏化设计。这种个性化、精准化的服务模式，能够显著提升游客的参观体验和满意度。

大数据驱动的用户行为分析，为文化企业优化产品、升级服务提供了科学依据和行动指南。以网络视频为例，通过对用户观影数据的分析，视频平台能够精准把握用户的观影口味，甄别优质内容和热门题材。对于广受欢迎的影视作品，平台可以加大宣发力度，扩大受众群体；对于反响平平的内容，则可以及时调整策略，减少投入成本。同时，大数据分析还能帮助视频平台优化推荐算法，提高用户的作品匹配度和观影满意度，延长用户在线时长，提升平台黏性。

大数据应用于文化领域的用户体验优化仍面临诸多挑战。其中，数据安全和用户隐私保护无疑是最为棘手的问题。在数据采集过程中，文化企业必须严格遵守相关法律法规，尊重用户的知情权和选择权，防止用户信息的泄露和滥用。同时，在数据分析和应用环节，企业也要加强数据脱敏处理，避免用户隐私的过度暴露。唯有在保护用户权益的前提下审慎利用数据，才能真正实现数据价值和用户价值的双赢。

三、基于大数据的用户行为分析与精准营销

（一）用户数据的收集与分析方法

用户数据是深入洞察目标受众、精准把握用户需求的关键。在文化产业的商业模式创新中，企业需要系统收集用户在内容消费、互动参与等方面的行为数据，并运用大数据技术进行深入分析，以准确勾勒用户画像，挖掘用户潜在

需求。

具体而言，文化企业可以通过多种渠道获取用户数据，如网站访问记录、App使用行为、社交媒体互动等。这些海量而分散的数据蕴藏着用户兴趣爱好、消费习惯、情感诉求等宝贵信息。通过数据采集与整合，企业能够建立起完整的用户数据库，为后续分析奠定基础。

在数据分析阶段，文化企业需要运用大数据技术，如机器学习、自然语言处理等，对用户数据进行多维度挖掘。通过对用户人口统计属性、行为轨迹、情感倾向等进行综合分析，企业可以构建起精准的用户画像，深入洞察不同用户群体的独特需求。例如，通过分析用户对不同类型文化内容的偏好，企业可以发现某一细分领域的潜在市场机会；通过追踪用户在社交平台上的互动行为，企业可以捕捉用户对特定话题的关注度和情感态度。

用户画像的建立为文化企业提供了全方位认识受众的视角。基于对用户需求的精准把握，企业可以优化内容生产策略，推出迎合用户口味的精品内容；可以创新传播渠道，通过用户喜好的媒介形式触达目标受众；可以设计个性化服务，为不同用户群体提供差异化的文化产品和服务。当企业以用户需求为导向，以数据分析为依据，就能真正实现“以人为本”的商业模式创新，提升用户体验，增强用户黏性。

在运用大数据分析用户行为的过程中，文化企业也需要高度重视用户隐私保护。过度收集、滥用用户数据不仅有悖商业道德，更可能引发法律风险。因此，企业必须在合法合规的前提下开展数据收集与分析，建立严格的数据安全管理制度，最大限度保障用户权益。只有在尊重用户隐私的基础上，数据驱动的商业模式创新才能真正赢得用户信赖，实现可持续发展。

（二）精准营销策略的制定与执行

大数据时代的到来为精准营销提供了前所未有的机遇。海量用户数据的积累和先进分析技术的应用，使得企业能够更加全面、深入地洞察用户行为，实现个性化、定制化的营销策略。在文化产业中，精准营销正在成为驱动创新发展的重要引擎，重塑着企业与用户之间的关系。

通过对用户数据的收集和分析，文化企业能够准确把握目标受众的喜好、习惯和需求。这些宝贵的洞见为制定有针对性的营销策略提供了依据。例如，某在线视频平台通过分析用户观看历史、搜索记录、互动行为等数据，构建起精准的用户画像。基于这些画像，平台可以向不同用户推送个性化的内容推荐，提升用户黏性和满意度。同时，平台还可以根据用户特征，定制差异化的营销方案，提高广告投放的精准度和转化率。

精准营销的核心在于营造个性化的用户体验。随着大数据技术的发展，文化企业能够更加细致、动态地了解用户需求的变化，并及时调整营销策略。比如，一家数字阅读平台通过实时跟踪用户的阅读行为，分析其兴趣偏好的变化趋势。当发现某个用户对特定主题或作者的书籍表现出浓厚兴趣时，平台会及时向其推送相关的新书信息，并提供个性化的阅读推荐和互动活动。这种“千人千面”的营销方式，大大增强了用户的参与感和黏性，提升了平台的用户忠诚度。

大数据驱动的精准营销还有助于优化文化产品的创作与生产。通过对用户反馈数据的深度挖掘，文化企业能够及时发现用户的潜在需求和痛点，为产品创新提供灵感和方向。例如，某游戏公司在新游戏的研发过程中，持续收集和分析玩家的游戏数据，了解其对游戏玩法、画面、剧情等方面的偏好。基于这些数据洞察，公司对游戏进行了多轮迭代优化，最终推出了深受玩家欢迎的精品力作。可见，精准营销不仅是一种营销手段，更是驱动产品创新、提升用户体验的重要途径。

随着人工智能、5G 等新兴技术的发展，精准营销正在不断迈向更加智能化、实时化的阶段。未来，文化企业将能够利用更加先进的算法模型和分析工具，实现对用户行为的动态预测和实时响应。例如，基于用户当前的位置、情绪状态、行为场景等多维度数据，企业可以实时推送最契合用户需求的个性化内容和服务，营造“有温度”的用户体验。同时，人工智能技术的应用也将极大提升精准营销的效率和精度，使企业能够在海量数据中快速识别最有价值的用户，实现营销资源的优化配置。

四、大数据驱动的个性化推荐系统

（一）推荐系统的运作机制

推荐系统作为现代信息技术的重要应用，在个性化信息推荐和用户体验优化方面发挥着日益关键的作用。随着大数据时代的到来，海量信息对用户产生了巨大的信息过载压力，如何从信息洪流中甄选出与用户兴趣高度契合的内容，成为推荐系统研究的核心课题。作为连接用户和信息的桥梁，优秀的推荐系统需要建立在扎实的理论基础和先进的算法模型之上。

从理论层面来看，推荐系统的核心在于对用户行为和偏好的建模。通过分析用户历史浏览、评分、购买等行为数据，推荐系统能够刻画出用户兴趣画像，挖掘出用户潜在的偏好模式。同时，推荐系统还需要对物品的特征进行表征，提取出能够反映物品本质属性的关键信息。用户画像和物品表征的融合，使得推荐系统能够实现用户与物品的精准匹配，为用户推荐出最感兴趣的内容。在理论建模的基础上，先进的算法模型是推荐系统实现个性化推荐的关键。传统的推荐算法主要包括协同过滤、基于内容的推荐和基于知识的推荐。协同过滤通过分析用户或物品之间的相似性，利用相似用户的历史行为来预测当前用户的兴趣偏好。基于内容的推荐则关注物品本身的属性特征，通过物品特征与用户画像的匹配来生成推荐结果。基于知识的推荐引入了外部知识源，利用领域本体、知识图谱等先验知识来增强推荐的准确性和可解释性。

随着人工智能技术的发展，深度学习在推荐系统领域得到了广泛应用。基于深度神经网络的推荐模型能够学习到用户行为数据中的高阶特征，捕捉到用户兴趣偏好的深层次模式。例如，卷积神经网络可以提取物品图像、文本等多模态信息中的语义特征；循环神经网络擅长处理时序数据，能够建模用户行为的动态演变过程；注意力机制使得模型能够自适应地关注不同物品特征对用户决策的影响权重。深度学习推荐模型的优势在于其强大的特征学习和表示能力，能够挖掘出隐藏在海量数据中的用户偏好模式，实现更加精准的个性化推荐。

除了算法模型的进步，推荐系统还需要注重推荐结果的多样性和新颖性。过度聚焦用户已有兴趣，容易导致推荐结果的同质化，陷入“信息茧房”的窘境。优秀的推荐系统应该在满足用户兴趣的同时，适度引入新颖、多元的内容，拓展用户的视野和兴趣边界。多样性推荐需要在物品相似性和差异性之间寻求平衡，既要保证推荐物品与用户兴趣的相关性，又要引入足够的新颖元素，激发用户的探索欲望。

推荐系统的研究不仅要关注技术层面的进步，更要把握行业动态和用户需求的变化。随着移动互联网的普及和社交网络的兴起，推荐场景日益丰富和多元化。从电子商务到新闻资讯，从视频娱乐到社交媒体，推荐系统已经深度融入人们的日常生活。不同场景下，用户的行为模式和兴趣偏好呈现不同的特点，推荐系统需要有针对性地设计算法和策略，提供场景化、情境化的智能推荐服务。同时，用户隐私保护和推荐伦理也成为推荐系统研究中不可忽视的话题。如何在满足个性化推荐需求的同时，保护用户隐私，规避算法歧视和偏见，是推荐系统可持续发展所必须正视的挑战。

（二）个性化推荐在文化产业的应用

在数字时代浪潮的推动下，个性化推荐技术正在文化产业中得到广泛应用，为用户提供更加精准、高效的文化消费体验。个性化推荐系统利用大数据分析和机器学习算法，根据用户的兴趣偏好、历史行为等信息，为其推荐最契合需求的文化产品和服务。这种精准匹配不仅能够提高用户的满意度和参与度，更有助于文化企业实现精细化运营和差异化竞争。

在音乐、电影、图书等文化消费领域，个性化推荐已经成为不可或缺的功能。以音乐平台为例，通过分析用户的收听记录、喜欢歌曲等数据，推荐系统能够向用户推送与其口味相符的歌曲、歌单和艺人。这不仅让用户发现更多优质音乐资源，也能激发其探索新风格、新流派的兴趣。同时，个性化推荐还能帮助小众或独立音乐人触达目标受众，拓宽其知名度和影响力。

在新闻资讯领域，个性化推荐技术同样大有可为。传统的新闻推送往往采用“一刀切”的方式，忽视了用户的个体差异和阅读偏好。而个性化推荐系统能够根据用户的兴趣标签、阅读历史等数据，筛选出最符合其需求的新闻内容。这种有针对性的推送不仅提升了用户的阅读体验，也有利于培养其对特定领域或话题的关注和理解。个性化推荐还能帮助新闻平台优化资源配置，将优质内容推送给最感兴趣的读者群体。

在线教育是个性化推荐技术的又一应用场景。面对海量的教育资源，学习者往往难以快速找到适合自己的课程。个性化推荐系统可以分析学习者的知识背景、学习目标、认知风格等因素，为其匹配最佳的教学内容和学习路径。这种个性化学习不仅能够提高学习效率，激发学习兴趣，更有利于因材施教，促进教育公平。同时，个性化推荐还能帮助在线教育平台优化课程体系，促进优质教育资源的共享与流通。

在推动个性化推荐应用的同时，文化产业也要注重人性化的关怀和价值引领。推荐系统应适度引入随机性和多样性，为用户提供“意外的惊喜”，激发其探索未知的勇气。平台还要加强人工干预和品质把控，确保推荐内容的导向性和匹配度。同时，要加强用户的媒介素养教育，引导其理性看待算法推荐，主动拓宽文化视野，成为自主学习和成长的主人。

第三节　基于云计算技术的商业模式

一、云计算技术概述

（一）云计算的定义及核心特征

云计算作为信息技术发展的重要趋势，正在深刻影响和重塑各行各业的运行模式。云计算的出现，源于计算机技术、互联网技术和商业模式的不断变革和创新。从最初的分布式计算，到虚拟化技术的广泛应用，再到如今的资源池化，云计算技术经历了一个由量变到质变的演进过程。

云计算的核心理念是将计算资源作为一种服务，通过互联网按需提供给用户。这种服务化的 IT 资源供给方式，打破了传统的 IT 基础设施部署模式，实现了计算资源的灵活调配和快速扩展。用户无须购买和维护昂贵的硬件设备，只需按照实际使用量付费，即可获得所需的计算、存储、网络等资源。这种“即插即用”的资源供给方式，大大降低了用户的 IT 投入成本，提高了资源利用效率。

从技术演进的角度看，云计算经历了从分布式计算到虚拟化再到资源池化的发展历程。早期的分布式计算技术，如网格计算、P2P 计算等，通过将计算任务分散到多台计算机上并行执行，实现了计算能力的横向扩展。但是，分布式计算面临着资源调度、负载均衡、容错处理等复杂问题，难以实现真正意义上的按需服务。

虚拟化技术的出现，为云计算的发展奠定了坚实基础。通过将物理服务器虚拟化为多个逻辑上独立的虚拟机，可以在一台物理服务器上同时运行多个不同的操作系统和应用环境，大大提高了服务器的利用率。虚拟化还具有动态迁移、快速部署、容灾备份等优势，使得 IT 基础设施的管理和维护更加灵活、高效。

云计算技术的发展，是分布式计算、虚拟化、资源池化等技术不断演进和融合的结果。从分散到集中，从静态到动态，从专有到共享，云计算实现了 IT 资源供给模式的革命性变革。这种变革不仅提高了 IT 资源的利用效率，降低了用户的使用成本，更为用户提供了前所未有的灵活性和可扩展性。

（二）云服务模型

云计算作为一种新兴的计算模式和服务交付方式，正在深刻影响着各行各业的信息化进程。它将计算资源池化，通过网络按需供给，为用户提供灵活、便捷、经济的服务。在云计算的服务模型中，Infrastructure as a Service（IaaS）、Platform as a Service（PaaS）和 Software as a Service（SaaS）是三种主要的服务类型，它们分别聚焦于不同层次的计算资源，满足用户多样化的需求。

IaaS 是云计算服务的基础层，它为用户提供了计算、存储、网络等基础设施资源。用户无须购买和维护硬件设备，而是通过网络访问云供应商的 IT 基础设施，并根据实际使用量付费。这种服务模式使得企业能够按需扩展 IT 基础设施，降低前期投资，提高资源利用效率。典型的 IaaS 服务包括亚马逊的 EC2、阿里云的 ECS 等。

PaaS 是在 IaaS 之上的一个服务层次，它为用户提供了应用程序开发和运行的平台环境。PaaS 平台通常包含操作系统、中间件、开发工具、数据库等组件，使得开发者能够专注于应用程序的开发和部署，而无须关注底层基础设施的管理。PaaS 服务加速了应用程序的开发和交付过程，提高了开发效率。谷歌的 App Engine、微软的 Azure 是典型的 PaaS 平台。

SaaS 则是云计算服务的最高层次，它将软件作为一种服务通过互联网交付给用户。用户无须购买、安装和维护软件，而是以租用的方式获取所需的应用程序功能。SaaS 服务打破了传统的软件授权模式，用户可以随时随地访问最新版本的软件，而供应商则负责软件的维护和升级。Salesforce 的 CRM 系统、Google 的 Gmail 等都是广为人知的 SaaS 应用。

IaaS、PaaS 和 SaaS 三种服务模型相辅相成，共同构建起云计算的生态系统。它们满足了用户在不同层次上对 IT 资源的需求，使得组织能够更加灵活地开展信息化建设。企业可以根据自身的业务特点和 IT 能力，选择适合的云服务模型。例如，中小企业受限于 IT 投资和人才，可以直接采用 SaaS 服务，获得成熟的业务应用；而大型企业则可能更倾向于 PaaS 平台，在获得底层资源支撑的同时，保留一定的应用定制能力。

随着云计算技术的不断发展和成熟，IaaS、PaaS、SaaS 的边界正变得日益模糊。越来越多的云服务供应商开始提供跨层次的服务，以满足用户的一站式需求。例如，亚马逊的 AWS 不仅提供 IaaS 层的 EC2，还提供了 PaaS 层的平台即服务技术和 SaaS 层的各种应用服务。这种趋势反映了云计算服务不断走向融合与统一，用户将能够更加便捷地获得各种层次的 IT 资源和服务。

二、云计算技术在文化产业中的应用

（一）云计算在文化内容创作中的角色

云计算技术在文化内容创作中扮演着日益重要的角色，它通过提供灵活、可扩展的计算资源和服务，极大地提高了创作效率，降低了创作成本。传统的文化内容创作往往受限于本地计算资源的约束，创作者难以应对海量数据处理、复杂算法运算等计算密集型任务。而云计算以其弹性扩展、按需配置的特点，为创作者提供了强大的计算支持。借助云计算平台，创作者可以根据实际需求动态调整计算资源，轻松应对高峰期的计算需求，而无须购置和维护昂贵的硬件设施。

云计算还为创作者提供了丰富多样的工具和服务，涵盖了创作流程的各个环节。例如，云端协同编辑工具允许多人实时协作，共同完成创作任务；云端渲染服务可以将耗时的渲染任务交由云端处理，大幅缩短渲染时间；云端存储服务则为创作素材提供了安全可靠的存储空间，支持随时随地访问和使用。这些工具和服务的引入，不仅节省了创作者的时间和精力，也促进了创作流程的优化和再造。

云计算还为文化内容创作注入了前所未有的智能化动能。云计算平台集成了人工智能、大数据分析等先进技术，为创作者提供智能化的辅助和决策支持。例如，智能算法可以自动分析用户偏好，为创作者提供内容推荐和创意灵感；大数据分析可以洞察市场趋势，为创作决策提供数据支撑；人工智能工具可以自动完成字幕生成、图像识别等任务，显著提升创作效率。这些智能化技术的应用，使得文化内容创作更加精准、高效，同时也为创作注入了新的活力和创造力。

云计算在赋能文化内容创作的同时，也带来了新的挑战和问题。例如，云端创作对网络带宽和稳定性提出了更高要求，创作者需要具备一定的云计算使用技能，版权保护和隐私安全等问题也需要引起重视。但总的来说，云计算技术必将在文化内容创作领域发挥越来越重要的作用。

（二）多媒体资源管理与云存储

云计算时代，多媒体资源管理和云存储技术的融合发展，为文化产业的创作与发布搭建起了无缝连接的数字化桥梁。传统的多媒体资源管理模式面临着存储容量有限、数据安全性差、协同效率低下等诸多挑战，难以适应文化产业日益增长的海量数据存储和高效协同的需求。而云存储以其弹性扩展、按需使用、高可靠性等特点，为多媒体资源提供了一种灵活、经济、安全的存储解决方案。

通过将多媒体资源迁移至云端，文化企业能够突破本地存储的容量瓶颈，实现海量数据的集中存储和管理。云存储服务商提供的分布式存储架构和多副本容错机制，能够有效保障数据的安全性和可靠性，最大限度地降低数据丢失和损坏的风险。同时，云存储还支持异地备份和灾难恢复，确保多媒体资源在面临自然灾害、设备故障等意外情况时，能够快速恢复和持续访问。

借助云存储，多媒体资源能够实现全球范围内的共享与协作。创作人员无须受限于地理位置，可以通过网络随时随地访问云端的多媒体素材库，并与团队成员实时协作。这种基于云的协同创作模式，打破了传统的时空限制，大大提高了创作效率和灵活性。与此同时，云存储还能与云计算、大数据等技术深度整合，为多媒体资源的智能管理和分析提供强大的计算和处理能力，助力文化企业挖掘数据价值，优化创作决策。

在多媒体资源发布环节，云存储同样发挥着关键作用。传统的发布模式往往依赖本地服务器，面临着带宽限制、高峰访问压力等瓶颈。而云存储可以利用云服务商遍布全球的数据中心和 CDN 加速网络，实现多媒体内容的就近存储和分发。这不仅能够有效缓解网络拥塞，提升用户的访问速度和体验，还能够显著降低文化企业的 IT 基础设施投入和运维成本。

（三）云计算在文化产品分发中的应用

云计算技术为文化产品的分发带来了革命性的变革，打破了地域限制，实现了全球范围内的高效传播。在云计算的支持下，文化企业能够将海量的文化内容存储在云端，并通过互联网实现随时随地地访问和分享。这种分发模式不仅大大拓宽了文化产品的传播渠道，也为受众提供了更加便捷、多样化的文化消费体验。

传统的文化产品分发方式受到物理介质和地域限制，难以实现跨区域、跨国界的传播。而云计算技术则突破了这些桎梏，通过虚拟化、分布式存储等技术手段，将文化内容抽象为数字化的信息资源，存储于云端数据中心。这些云端数据中心通常采用多地部署、互为备份的架构，确保了文化资源的安全性和可靠性。同时，云计算还提供了强大的数据处理和分析能力，文化企业可以利用大数据技术深入挖掘用户需求，优化内容生产和推荐策略，提升用户体验。

借助云计算搭建的文化产品分发平台，用户可以通过个人计算机、移动终端等多种设备，跨越时空限制访问海量的文化资源。以云音乐平台为例，用户只需登录账号，即可根据自己的喜好随时欣赏来自世界各地的音乐作品，享受个性化的音乐推荐服务。又如电子书阅读平台，读者可以随时随地浏览、下载各类图书资源，并通过云同步功能在不同设备间无缝切换阅读进度。这种便捷、智能化的文化消费方式，极大地满足了人们日益增长的精神文化需求。

云计算还为文化产品的全球化传播提供了有力支撑。文化企业可以利用云服务提供商遍布全球的基础设施资源，将文化产品快速分发至世界各地，实现全球范围内的同步上线。同时，云计算平台还集成了多语言支持、海外支付等功能，帮助文化企业应对不同国家和地区的文化差异、法律法规要求，降低了全球化运营的技术门槛和成本。许多国内领先的文化企业，如腾讯音乐、网易云音乐等，已经通过云计算实现了产品和服务的全球化布局，将优秀的中华文化传播到了世界各地。

云计算在文化产品分发中的应用，促进了文化资源的共享和文化交流的深化。各类文化产品通过云端汇聚、共享，加速了文化的传播和交融，让不同地域、不同国度的人们能够更加便捷地欣赏彼此的文化瑰宝，增进相互理解。同时，云计算还为用户提供了参与文化生产、分享文化见解的渠道，用户不仅是文化的消费者，也成为文化传播与创造的主体。这种去中心化、参与式的文化传播模式，将进一步激发全社会的文化创造力，推动文化事业的繁荣发展。

云计算技术在文化产品分发中的应用，突破了时空阻隔，拓宽了传播渠道，促进了文化交流，为文化产业插上了腾飞的翅膀。未来，随着云计算技术的进一步发展和成熟，其在文化领域的应用必将更加深入和广泛，为建设社会主义文化强国、提升国家文化软实力贡献重要力量。

三、基于云计算的按需服务模式

（一）按需服务模式的内涵与商业价值

按需服务模式是云计算技术赋能文化产业商业模式创新的重要体现。它的核心内涵在于，文化企业能够根据市场需求和自身发展阶段，灵活选择和使用各种云计算资源和服务，实现资源配置的动态优化和快速响应。这种模式打破了传统文化产业“一刀切”的资源配置方式，为企业提供了更加精准、高效、经济的发展路径。

从商业价值的角度来看，按需服务模式具有多方面的优势。按需服务模式能够显著降低文化企业的IT基础设施投入和维护成本。传统的文化产业信息化建设往往需要大量的前期资金投入，且后期维护升级也需要持续的人力物力支出。而借助云计算的按需服务，企业无须购买和管理昂贵的硬件设施，只需根据实际业务需求，按量、按时付费使用相应的云资源即可。这种“用多少，付多少”的灵活计费方式，能够最大限度地节约企业的IT支出。

按需服务模式能够提升文化企业的业务敏捷性和可扩展性。在瞬息万变的数字时代，市场机遇转瞬即逝，创新与变革的步伐持续加快。文化企业要想在激烈的竞争中立于不败之地，必须具备快速适应市场变化、及时调整业务策略的能力。而云计算的按需服务恰恰为企业提供了这种能力。通过弹性扩展的云资源，企业能够根据业务高峰和低谷，实时调整IT资源配置，既能满足业务高速增长的计算存储需求，又能避免资源闲置和浪费。这种“用则扩、闲则缩”的资源供给方式，为企业营造了一个高度灵活、弹性的业务环境。

按需服务模式有利于文化企业聚焦核心业务，实现差异化发展。当前，云计算技术已经日趋成熟，各类云服务层出不穷。从基础的IaaS，到高级的PaaS、SaaS，再到行业化的解决方案，云计算正在为文化产业插上腾飞的翅膀。企业可以根据自身的战略定位和业务特点，选择适合的云服务组合。这样，企业就能充分利用云服务商的技术优势和服务能力，将更多的资源投入核心业务的创新和优化，实现差异化的市场竞争力。

按需服务模式还能促进文化产业生态的协同发展。云计算不仅是一种技术，更是一种生态。它聚集了海量的数据资源、丰富的应用服务、众多的合作伙伴。通过开放的云平台，不同领域、不同环节的文化企业能够实现资源共享、能力互补、优势互鉴。这种开放、协同、共生的产业生态，必将推动文化产业的融合创新和跨越式发展。

（二）文化产业服务定制化趋势

随着互联网技术的快速发展，文化产业正面临前所未有的机遇和挑战。消费者对文化产品和服务的需求日益多样化、个性化，传统的大众化生产模式已难以满足这一趋势。面对市场环境的深刻变革，文化企业必须积极创新商业模式，探索以用户为中心的差异化服务策略。在这一过程中，定制化服务成为文化产业转型升级的重要方向。

文化产业的定制化服务，是指根据用户的个性化需求，提供量身定做的文化产品或服务。相比于标准化的大规模生产，定制化服务更加注重用户体验，强调“以人为本”的服务理念。通过与用户的深度互动，文化企业可以洞察其真实需求，进而提供更加贴合用户偏好、契合用户情境的产品和服务。这种“千人千面”的服务模式，不仅能够提升用户满意度和忠诚度，还能为文化企业创造更高的附加值。

定制化服务在文化产业的诸多领域已初见端倪。在出版业，数字阅读使读者可以根据自身偏好定制专属的书单，算法智能推荐也让信息更加精准触达目标用户。在影视娱乐业，数字视频平台基于大数据分析用户特征，提供个性化的影视剧推荐。在旅游业，用户可以根据自身需求定制专属旅游路线和体验。这些尝试表明，以用户需求为导向的差异化服务正成为文化产业发展的重要趋势。

然而，推动文化产业服务定制化转型绝非易事。它对文化企业的运营能力和技术水平提出了更高要求。为实现精准化服务，文化企业需要构建完善的用户数据采集和分析体系，深入洞察用户需求，优化产品设计流程。同时，个性化的服务也意味着更高的成本投入，这对企业的经营效率和盈利模式提出了挑战。文化企业需要在规模化生产与定制化服务之间寻求平衡，合理配置资源，方能实现可持续发展。

服务定制化是互联网时代文化产业发展的大势所趋。它顺应了消费升级、需求多元化的趋势，代表了文化产业转型升级的必由之路。推动文化产业的服务定制化，有助于提升产业核心竞争力，促进产业链优化和价值链提升，最终实现文化产业高质量发展。这不仅事关文化产业的未来，更关乎国家文化软实力的提升。

（三）通过云计算实现个性化服务

云计算技术为文化产业个性化服务的实现提供了有力支撑。在云计算的助力下，文化企业能够灵活调配计算、存储等 IT 资源，快速响应市场需求变化，为消费者提供高度定制化的文化产品与服务。利用云计算的弹性扩展特性，文化企业可以根据业务需求实时调整资源配置，在保证服务质量的同时降低运营成本。基于云平台，文化企业可以整合内外部数据资源，通过大数据分析挖掘用户偏好，实现精准营销和个性化推荐。这不仅提升了用户体验，也为文化企业带来了新的盈利增长点。

云计算还为文化企业搭建了开放、协同的创新平台。利用云服务，文化企业可以与上下游合作伙伴实现信息共享和业务协同，优化产业链各环节的衔接，缩短产品开发周期。云平台也为全社会的创意人才提供了施展才华的舞台，使得优秀的创意理念能够迅速转化为文化产品，加速文化企业的创新步伐。在版权保护方面，云计算技术同样大有可为。分布式的云存储架构可以有效防止文化作品的非法复制和传播，而基于区块链的版权确权和交易平台则为创作者提供了更加安全、透明的权益保障机制。

推动云计算在文化产业中的应用也面临诸多挑战。首先，文化企业对云计算的认知还有待提升，需要加强云计算知识的普及和应用实践的指导。其次，云平台的安全与隐私保护问题尚需进一步完善，这关系到文化企业核心数据资产的安全。再次，云服务商与文化企业在数据所有权、使用权方面的分工还有待明晰，需要建立公平、合理的利益分配机制。最后，推动云计算在文化产业中的应用，需要政府、企业、高校等多方协同发力，在政策扶持、人才培养、标准规范等方面形成合力。

通过云计算赋能，文化企业能够更加灵活、高效地满足消费者日益多样化、个性化的文化需求，实现精准营销和业务创新。同时，云计算也为文化产业插上了协同创新的翅膀，加速优质文化内容的生产和传播。展望未来，云计算必将在文化产业转型升级中发挥越来越重要的作用，成为驱动文化产业高质量发展的新引擎。文化企业要抢抓机遇，积极拥抱云计算，推动业务模式和管理流程的变革，在云端实现弯道超车、跨越发展。

四、云计算技术对文化产业运营效率的提升

（一）云计算对文化产业流程优化的影响

云计算技术的迅猛发展正深刻影响着文化产业的生产流程和运营模式。传统的文化产业流程往往呈现线性、封闭、低效的特点，难以适应数字时代的发展需求。而云计算技术的引入，为文化产业流程优化带来了新的可能。

从创作环节来看，云计算技术可以为文化内容创作者提供更加便捷、高效的工具和平台支持。借助云端的海量存储和强大计算能力，创作者能够随时随

地访问所需的素材资源，并利用云端软件进行创作加工。这不仅大大提高了创作效率，也为创意的碰撞和融合提供了更广阔的空间。同时，云平台还能够支持多人协同创作，打破地域和时空限制，实现跨区域、跨部门的密切配合，促进创意成果的迭代优化。

在生产制作环节，云计算技术的应用可以显著降低制作成本，缩短制作周期。传统的文化产品制作往往需要大量的硬件设备投入，并依赖专业的后期制作团队。而基于云计算的制作模式，则可以通过云渲染、云剪辑等技术手段，将计算和处理任务转移到云端进行，从而减少了对本地硬件和人力的依赖。这种灵活、弹性的制作方式，使得文化企业能够根据实际需求，动态调配云端资源，实现制作流程的优化与再造。

在发行营销环节，云计算技术可以帮助文化企业实现精准化、个性化的产品投放和用户服务。依托云计算的海量数据处理能力，文化企业可以对用户行为和偏好进行深入挖掘和分析，实现“千人千面”的精准营销。同时，云计算还为文化产品的在线发布和分发提供了高效、稳定的渠道。通过云平台，文化企业可以将产品快速推向市场，并根据用户反馈动态调整发行策略，提升产品的覆盖率和影响力。

云计算技术在版权保护和数据安全方面也发挥着重要作用。文化产业是一个知识密集型产业，版权保护至关重要。而云计算可以为版权数据提供安全可靠的存储环境，并通过先进的加密和访问控制技术，确保版权信息的完整性和机密性。云计算还可以为文化数据的备份、容灾提供有力保障，有效降低数据丢失和破坏的风险。

云计算技术为文化产业流程优化提供了强大动力，推动了业务模式和组织方式的变革。文化企业要准确把握技术发展趋势，立足自身实际，因地制宜地推进云计算技术的应用。通过流程再造和优化，提升运营效率和创新能力，增强文化产品和服务的竞争力，实现文化产业的高质量发展。这既是文化企业转型升级的现实需要，也是建设社会主义文化强国的必然要求。

（二）云计算与成本控制

云计算技术在文化产业中的应用为企业降低成本提供了新的路径。传统的IT 基础设施建设和维护需要大量的前期投入和持续的运营开支，这对于资金实力有限的文化企业来说是一个沉重的负担。而云计算以按需付费的模式，将计算资源作为一种服务提供，使得企业无须购买和管理昂贵的硬件设备，也无须配备专门的IT运维团队，从而大大降低了IT投入成本。

通过将业务系统和数据迁移到云平台，文化企业可以显著减少基础设施的采购、维护和升级费用。云服务提供商凭借规模经济效应，能够以更低的单位成本提供计算、存储、网络等资源，这些成本优势可以直接惠及企业用户。同时，云计算的弹性伸缩特性允许企业根据业务需求动态调整资源配置，避免了传统模式下资源过剩或不足的问题，进一步优化了成本结构。

云计算还能帮助文化企业降低人力成本。借助云服务提供商的专业团队和成熟的运维体系，企业可以将有限的人力资源从繁琐的IT管理任务中解放出来，投入更有价值的业务创新和市场拓展。云平台提供的自动化运维工具和智能监控功能，也减轻了企业IT人员的工作负担，提高了运维效率。云计算促进了企业内部流程的优化和协同，员工可以随时随地访问所需的信息和应用，提升了工作效率，间接降低了人力成本。

在数字化转型的浪潮中，云计算为文化企业开启了成本优化的新空间。通过对业务流程和数据的梳理，企业可以利用云平台的大数据分析、人工智能等工具，挖掘数据价值，实现精准营销和个性化服务，提高营收水平。云计算还为文化企业提供了丰富的行业解决方案和最佳实践，帮助企业快速构建数字化能力，抢占市场先机，在降低成本的同时实现业务增长。

在享受云计算带来的成本红利的同时，文化企业也需要审慎评估和规划云迁移策略，权衡数据安全、业务连续性等风险因素。选择可靠的云服务提供商，制定合理的服务等级协议（SLA），建立完善的数据治理和风险管控机制，是确保云计算成本优化效果的关键。

（三）提高决策效率与市场响应速度

云计算技术正深刻影响着现代企业的决策效率与市场响应速度。在大数据时代，企业面临的市场环境日趋复杂，消费者需求不断变化，如何快速洞察市场动向，及时调整经营策略，已成为企业保持竞争优势的关键。云计算为企业提供了强大的数据处理与分析能力，使其能够从海量数据中提炼有价值的商业洞察，优化决策流程，提升市场响应速度。

云计算平台集成了先进的数据挖掘、机器学习等智能分析工具，能够自动识别数据中隐藏的模式和趋势，为企业决策提供可靠依据。例如，电商企业可以利用云计算分析用户浏览、购买行为数据，精准预测需求变化，优化商品推荐和库存管理；制造企业则可以基于设备运行数据，提前预警故障风险，制定最佳维护策略。这些数据驱动的洞察有助于企业管理者及时把握市场脉搏，做出正确决策。

云计算还为企业搭建了高效协同的数字化平台，打通了各部门、各环节的信息壁垒，实现了数据在企业内部的充分流动和共享。市场部门可以实时掌握生产、库存等情况，销售团队能够及时了解产品改进、促销活动的进展，各部门协同联动，快速响应市场变化。云平台还能连接企业与合作伙伴，供应商可以实时访问企业的库存水平，及时调整供货计划；渠道商也能掌握最新的产品信息和营销政策，与企业形成紧密的利益共同体。

云计算还大幅提升了企业运营系统的敏捷性和灵活性。传统的IT系统往往难以快速适应业务变化，新需求的开发和上线周期冗长。而云架构支持快速部署、弹性扩展，企业可以根据市场需求，灵活调整IT资源配置，快速构建和迭代业务应用，缩短新产品、新服务的上市时间。当市场形势瞬息万变时，这种敏捷性就显得尤为宝贵。

第五章　互联网背景下文化产业的发展策略

第一节　文化产业的数字化转型

一、数字化转型的必要性与意义

（一）推动产业升级与增值

数字化转型推动着文化产业的升级与增值，成为实现产业革新的强大动力。在数字技术的赋能下，文化产业正经历着一场前所未有的深刻变革，新的业态、新的模式、新的产品不断涌现，为文化产业注入了勃勃生机。数字化转型不仅改变了文化生产的方式，更重塑了文化消费的场景和体验，为文化产业创造了广阔的发展空间。

从文化生产的角度来看，数字技术的应用极大地提升了文化内容创作的效率和质量。云计算、大数据、人工智能等前沿技术为文化创意人员提供了强大的辅助工具，使其能够更加便捷地获取素材、分析用户需求、优化创作流程。例如，在影视制作领域，数字化特效技术的广泛应用使得更加逼真、震撼的视觉效果成为可能；在数字出版领域，智能排版系统和自动化编辑工具大大缩短了图书出版的周期，提高了内容生产的效率。数字技术不仅助力文化内容创新，也为传统文化的保护和传承提供了新的路径。通过数字化手段，珍贵的文化遗产可以得到更为精准的记录和永久的保存，濒临失传的非物质文化遗产也能够借助数字平台焕发新的生命力。

从文化消费的角度来看，数字化转型极大地拓宽了文化产品和服务的传播渠道，改变了人们的文化消费方式。移动互联网和社交媒体平台的兴起，使得文化内容能够突破时空限制，触达更广泛的受众群体。算法推荐、个性化定制等技术手段的应用，则进一步提升了文化消费的精准度和体验感。在线视频、数字音乐、网络文学等新兴业态的蓬勃发展，充分体现了数字化转型为文化消费注入的新活力。数字技术还促进了文化消费场景的多元化，虚拟现实、增强现实等沉浸式体验技术的应用，让人们能够以更加生动、立体的方式感受文化的魅力。数字博物馆、智能导览等创新应用的出现，也为传统文化场馆的转型升级提供了新的思路。

文化企业要真正实现数字化驱动的产业升级与增值，尚需在以下方面持续发力：一是加快数字基础设施建设，夯实文化产业数字化转型的技术底座；二是培育复合型人才队伍，提升文化产业从业者的数字素养和创新能力；三是加强数字内容版权保护，营造良好的产业生态环境；四是探索数字化背景下的商业模式创新，构建可持续发展的产业价值链。只有全方位、多领域、深层次地推进数字化转型，文化产业才能真正焕发出新的生机与活力。

（二）提高文化内容的可访问性与传播效率

在互联网时代，数字技术的迅猛发展正在重塑文化内容的传播方式，极大地提高了文化内容的可访问性和传播效率。数字化手段打破了时空限制，使得文化内容能够跨越地理边界，触达更广泛的受众群体。过去，文化内容的传播往往受限于物理载体和地域范围，而如今，借助互联网平台和移动终端，人们可以随时随地获取海量的文化资源，从而拓宽了文化内容的传播渠道。

数字技术还促进了文化内容呈现形式的多样化，增强了其吸引力和感染力。传统的文化内容多以文字、图片等静态形式为主，而数字时代的文化产品则融合了音频、视频、动画、虚拟现实等丰富的表现手法，使得文化内容更加生动、立体、互动，能够带来沉浸式的体验，满足受众多元化的审美需求。

大数据、人工智能等新兴技术的应用，也为文化内容的精准推送和个性化定制提供了可能。通过对用户行为数据的挖掘和分析，文化企业能够洞察受众的兴趣偏好，实现内容的精准投放，提高传播的针对性和有效性。这种精准化的传播方式不仅能够提升用户体验，增强用户黏性，还能够帮助文化企业实现资源的优化配置，提高运营效率。

在互联网背景下，数字技术在推动文化内容传播方面展现出巨大的潜力。它打破了传统传播的时空樊篱，拓展了内容呈现的表现力，实现了用户需求的精准匹配，极大地提升了文化的可访问性和传播效率。但同时，我们也要正视数字化转型带来的新问题，兼顾传播效率与内容质量，传承与创新并重，促进文化的包容性发展。

二、数字技术在文化产业中的应用

（一）创新技术应用分析

数字技术在文化产业中的应用正在深刻地改变着文化生产、传播和消费的方式。数字技术为文化内容的创作提供了更为丰富的表现形式和手段。借助计算机图形学、虚拟现实等技术，文化创意人员可以打破物理世界的限制，创造出令人叹为观止的视觉奇观和沉浸式体验。电影《阿凡达》运用尖端的数字特效技术，创造出了一个栩栩如生的潘多拉星球，为观众呈现了一场视觉盛宴。人工智能技术的发展也为文化创作注入了新的活力。人工智能可以分析海量的文化作品，总结创作规律，为创作者提供灵感和素材，甚至可以自主完成一些创作任务。

数字技术也极大地拓宽了文化内容的传播渠道和方式。互联网打破了时间和空间的限制，使得文化产品可以跨越地域边界，触达全球受众。越来越多的博物馆、图书馆开始利用数字技术进行馆藏文物的数字化采集和展示，通过网络平台向公众开放，实现了文化资源的普惠共享。数字出版技术的发展则推动了电子书、有声读物等新型出版物的兴起，为读者提供了更加便捷、多元的阅读体验。

数字技术在文化产业中的应用也催生了众多新的文化业态和消费模式。短视频平台的兴起，使得大众化的文化创作和表达成为可能。人们可以通过手机随时随地记录生活、分享见闻、展现自我。这既满足了个体的表达欲望，也为文化多样性的呈现提供了土壤。网络直播打破了演员和观众之间的界限，使得文化表演更加互动和参与。观众不再是被动的欣赏者，而是可以实时与表演者互动，参与节目的创作和演绎。

数字技术在为文化产业带来机遇的同时，也提出了新的挑战。海量的文化信息在网络上快速传播，版权保护难度越来越大。一些优质的文化内容被非法复制、传播，侵害了创作者的合法权益。数字鸿沟的存在也导致一部分人难以平等地享受数字文化的成果。如何在推动文化产业数字化发展的同时，构建规范有序的文化市场，维护各方主体的合法权益，促进文化成果的普惠共享，是我们必须认真思考和应对的问题。

从创新应用案例来看，故宫博物院近年来利用数字技术开展了一系列卓有成效的工作，为文化产业数字化转型提供了优秀范例。故宫博物院通过高精度的三维扫描、全景摄影等手段，对馆藏文物进行数字化采集和建模，建立了庞大的文物数字档案库。在此基础上，故宫博物院开发了一系列数字文化产品，如电子出版物、数字展览、在线教育课程等，将文物的历史价值、艺术价值、科技价值生动地呈现在公众面前。同时，故宫博物院还与互联网企业合作，在移动应用、线上展览、文创产品等方面进行探索，拉近了故宫文化与年青一代的距离，实现了优秀传统文化的创造性转化和创新性发展。

（二）数字技术与文化产业产品的融合

在互联网时代，数字技术与文化产业的深度融合正在重塑文化产品的生产、传播和消费模式。数字技术的引入不仅拓展了文化产品的表现形式和呈现方式，更为文化产品注入了新的生命力，提升了其吸引力和感染力。

互联网、大数据、人工智能等新兴技术的发展，为文化产业创新提供了强大的技术支撑。文化企业可以利用数字技术全方位采集和分析用户行为数据，深入洞察用户需求和偏好，从而精准定位目标受众，优化产品设计和推广策略。同时，数字技术还能够促进文化产品形式的多样化，通过数字化改造，传统的文字、图像、音频等文化元素可以与虚拟现实、增强现实等新技术相结合，创造出沉浸式、互动性更强的文化体验。

在具体应用层面，数字出版、网络文学、数字音乐、网络视频等新兴业态已经成为文化产业发展的新增长点。数字出版利用多媒体技术，将文字、图片、音频、视频等元素进行整合，制作出内容丰富、形式多样的数字图书，满足了读者的个性化阅读需求。网络文学打破了传统出版的时空限制，作者可以随时随地创作和发布作品，读者也能够实时互动、参与创作，形成了独特的“粉丝经济”模式。数字音乐平台利用大数据分析，为用户推荐个性化的音乐内容，同时通过社交互动、在线演唱会等方式增强用户黏性，重塑了音乐产业的商业模式。网络视频则凭借海量内容和智能推荐，吸引了大量用户，成为人们日常娱乐生活中不可或缺的组成部分。

数字技术在为文化产业带来机遇的同时，也对内容创作者和文化企业提出了新的挑战。在信息过载的时代，优质内容的生产和精准投放显得尤为重要。文化企业需要加强对用户需求的研究和把握，运用数字技术提升内容质量、优化用户体验，方能在激烈的市场竞争中脱颖而出。同时，数字版权保护、网络内容监管等问题也亟待引起重视和解决，以营造良性健康的文化生态环境。

三、数字化转型面临的挑战与应对策略

（一）识别并应对数字鸿沟的挑战

数字鸿沟是指不同社会群体在获取和使用信息通信技术方面存在的差距。这一问题在文化产业的数字化转型进程中尤为突出。部分群体由于经济条件、教育背景、居住地域等因素的限制，难以平等地享受数字技术带来的便利，甚至面临被数字化浪潮边缘化的风险。这不仅加剧了社会不平等，也制约了文化产业数字化转型的深度和广度。

文化产业数字化转型的目标在于实现文化资源的共享和文化生活的普惠。然而，数字鸿沟的存在导致这一目标难以真正实现。处于数字鸿沟一侧的群体无法便捷地获取数字化的文化产品和服务，也难以通过数字平台表达自身的文化诉求。长此以往，数字时代的文化生活将成为少数人的专属，而广大群众则无法充分感受数字化转型的成果。这不仅违背了文化产业的本质属性，也与构建人人共享的公平正义数字社会的理念背道而驰。

缩小数字鸿沟，实现数字红利的普惠共享，需要政府、企业、社会多方协同发力。从政府层面来看，应加大对欠发达地区信息基础设施建设的支持力度，完善相关法律法规，为弱势群体获取数字技术提供制度保障。同时，还要着力提升全民信息素养，通过多种渠道开展数字技能培训，帮助群众掌握数字化生存的基本能力。

对于文化企业而言，在推进数字化转型的过程中，要主动承担社会责任，致力于提供普惠性的文化产品和服务。一方面，企业要研发适合不同群体需求的数字文化产品，确保内容的丰富性和可及性。另一方面，企业还应积极参与数字扶贫行动，为偏远地区、低收入群体等提供数字文化惠民项目，促进数字成果的共建共享。

社会力量在缩小数字鸿沟方面也大有可为。各类社会组织可以发挥自身优势，开展形式多样的数字素养教育活动，宣传数字化生活的正确理念和方式。同时，社会各界还应形成合力，共同营造数字包容的社会氛围，消除对数字技术的偏见和误解，为弱势群体融入数字社会创造良好的舆论环境。

（二）数字版权保护难题与解决方案

数字化转型为文化产业的发展带来了新的机遇和挑战，版权保护问题就是

其中之一。在数字时代，文化作品的创作、传播和消费方式发生了巨大变革，传统的版权保护机制面临着前所未有的冲击。海量的数字内容在网络上快速传播，使得侵权行为更加隐蔽和难以追踪。同时，新技术的应用也为盗版提供了更多便利，数字作品的非法复制和传播成本大大降低。面对这些挑战，文化产业亟须建立与数字时代相适应的版权保护体系。

加强版权法律法规建设，完善数字版权保护的法律框架。这包括明确数字作品的版权归属、权利内容和保护期限，细化侵权行为的认定标准和法律责任，为权利人维权提供明确的法律依据。同时，还要加大执法力度，严厉打击各类侵权盗版行为，提高违法成本，形成有效的威慑。例如，可以建立专门的数字版权保护机构，负责版权登记、侵权监测和维权援助等工作。

充分利用技术手段，提升数字版权保护的效率和精准度。区块链、数字水印、内容指纹等新技术为版权保护提供了新的可能。通过将作品信息上链、嵌入水印或提取指纹，可以实现对数字内容的唯一标识和溯源，为侵权取证提供技术支撑。同时，人工智能等技术也可用于内容监测和侵权识别，通过智能算法自动发现和处理侵权行为，提高版权保护的时效性。

加强行业自律和社会共治，营造尊重知识产权的文化氛围。一方面，文化企业要提高版权意识，依法维护自身权益，并以身作则，不从事侵权活动。同时，还要加强行业自律，制定版权保护的行业规范和标准，促进行业健康有序发展。另一方面，要广泛开展版权宣传教育，提高公众的知识产权意识，培养尊重创意、保护版权的社会风尚。

积极推动版权保护的国际合作。数字时代，文化作品的传播更加便捷和广泛，跨境侵权问题日益突出。加强国际版权保护合作，共同打击跨国侵权行为，既是维护我国文化企业海外权益的需要，也是构建全球公平竞争环境的必然要求。可以通过加入国际版权公约、签署双边协定等方式，与其他国家建立版权保护合作机制，实现优势互补、共同治理。

数字版权保护是一项复杂的系统工程，需要法律、技术、市场、社会等多方合力，共同营造良好的数字版权生态。随着文化产业数字化转型的不断深入，版权保护体系也应与时俱进，在继承传统经验的基础上，积极探索创新，以适应数字时代的新特征、新趋势、新挑战。

四、培养数字化人才队伍的重要性及途径

（一）构建数字化人才培养体系

随着数字技术的快速发展和广泛应用，文化产业正面临前所未有的变革和机遇。然而，推动这一转型升级的根本动力在于人才，特别是既精通数字技术又深谙文化创意的复合型人才。因此，探索培养适应行业发展需要的数字化人才体系，已成为文化产业转型发展的迫切需求和重要课题。

数字化人才培养体系的构建，需要文化企业、高校和政府多方协同发力。文化企业作为行业发展的主体和人才需求的源头，应该成为人才培养的重要参与者。企业可以通过与高校合作共建人才培养基地，为学生提供实习实践机会，让其在真实的项目和环境中锻炼能力、积累经验。同时，企业还可以利用自身的技术和平台优势，开发一批高质量的在线课程和培训项目，为员工和业界人士提供持续学习和能力提升的机会。

高校要发挥人才培养的主阵地作用，加快数字化人才培养的步伐。这就要求高校主动对接行业需求，优化学科专业设置，更新教学内容，创新教学模式。例如，高校可以在现有的艺术、传媒等专业中增设数字技术方向，开设数字媒体、人工智能、大数据等前沿课程；鼓励教师将数字化项目引入课堂教学，激发学生的创新意识和动手能力；推动跨学科交叉融合，培养学生的系统思维和综合素质。

政府要充分发挥引导和支持作用，为数字化人才培养营造良好的制度和政策环境。一方面，政府要加大对文化产业数字化转型的政策支持力度，引导更多资源向人才培养倾斜；另一方面，政府要完善数字化人才的评价和激励机制，搭建人才流动和交流的平台，为数字化人才的成长和发展提供广阔的舞台。

数字化人才培养还需要注重理论与实践的结合、通识与专业的融通。在理论学习方面，要打好数字技术和文化艺术的基础，掌握数字内容生产、传播和运营的基本原理和方法。在实践锻炼方面，要为学生提供丰富多样的项目实践机会，培养其运用数字技术解决实际问题的能力。同时，还要重视人文素养和创新思维的培育，鼓励学生跨界思考、开拓创新，成为具有家国情怀和全球视野的文化领军人才。

构建数字化人才培养体系是一项复杂的系统工程，需要文化企业、高校、

政府等多方主体的通力合作和长期努力。只有不断完善人才培养机制，创新人才培养模式，提升人才培养质量，才能源源不断地为文化产业输送优秀的数字化人才，为文化产业数字化转型注入不竭的智力动力，推动文化产业在数字时代焕发新的生机与活力。

（二）提升数字化创新与实践能力

数字化创新与实践能力是数字时代人才培养的重要目标。随着数字技术的快速发展和广泛应用，社会对具备数字化创新与实践能力的人才需求日益增长。高校作为人才培养的主阵地，必须积极探索数字化创新人才培养的有效途径，不断提升学生的数字化创新与实践能力，为数字经济发展提供坚实的人才支撑。

构建数字化创新实践平台是提升学生数字化创新与实践能力的重要基础。高校应充分利用自身优势，整合各类资源，搭建集教学、实训、科研、创业于一体的数字化创新实践平台。这一平台不仅要配备先进的数字化设备和软件工具，更要为学生提供开放、灵活的实践空间。通过项目驱动、案例分析等方式，引导学生在实践中运用数字技术解决实际问题，培养其数字化思维和动手能力。同时，平台还应注重与企业、科研机构等的深度合作，为学生创造更多接触行业前沿、参与真实项目的机会，提升其数字化创新实践经验。

优化数字化创新课程体系是提升学生数字化创新与实践能力的关键举措。传统的课程体系往往偏重理论知识的传授，难以满足数字化创新人才培养的需求。高校应着力打造融合数字技术与专业知识的创新课程体系，增设数字化创新类课程，更新教学内容，创新教学模式。课程设计应强调理论与实践的紧密结合，引导学生将所学数字技术应用于专业领域的创新实践。同时，课程考核应突出过程性评价和能力考核，注重考查学生运用数字技术分析问题、解决问题的能力，激发其创新潜能。

推进产教融合协同育人是提升学生数字化创新与实践能力的有效路径。高校与企业开展产教融合，可为学生提供真实的数字化创新实践场景和项目资源。通过带教实习、项目合作等形式，学生能够深度参与企业的数字化转型实践，了解行业需求，积累实践经验。同时，产教融合有助于构建“双师型”教学团队，引进企业技术专家和创新创业导师参与教学，为学生传授前沿技术和实战经验。高校还可以与企业联合开展数字化创新创业教育，搭建大学生创新创业平台，鼓励学生将创意思路转化为现实产品和服务，培养其数字化创业能力。产教融合还有利于实现人才培养与产业需求的精准对接，为数字经济发展输送高质量的创新型人才。

第二节　文化产业的新业态发展

一、新业态的定义与特点分析

（一）新业态发展的背景与定义

互联网的快速发展和广泛应用，深刻影响和重塑了文化产业的发展模式和业态形态。在这一背景下，文化产业呈现一系列新的特点和趋势，被称为文化产业的“新业态”。这些新业态不仅推动了文化产业的转型升级，更成为引领经济社会发展的新引擎。

文化产业新业态的兴起，源于互联网技术与文化创意的深度融合。一方面，互联网打破了时空限制，极大拓宽了文化产品的传播渠道和覆盖范围。借助网络平台，优秀的文化作品能够快速触达海量用户，实现规模化传播和变现。另一方面，互联网为文化创意提供了更为广阔的表达空间和创新可能。数字技术的应用，使得文化产品的生产方式发生了根本性变革，催生出一系列融合了多种艺术形式和表现手法的新型文化业态。

文化产业新业态的典型代表，是以数字出版、网络文学、在线音乐、网络视频等为主要形式的数字文化产业。这些领域依托互联网平台，实现了内容生产、传播和消费的全流程数字化，形成了独特的商业模式和产业生态。以网络文学为例，作者可以通过网络发表创作，读者则可以随时随地、按需阅读，平台通过内容付费、广告等方式实现盈利。这种模式打破了传统出版业的壁垒，极大激发了创作者的积极性，同时也为读者提供了更加丰富多元的精神文化产品。

除了数字文化产业，文化产业新业态还体现在创意设计、文化旅游、动漫游戏等领域。这些领域紧跟时代脉搏，利用新技术、新媒体不断创新文化产品和服务形式，满足了人们日益多样化、个性化的文化消费需求。比如，创意设计产业通过将文化元素与产品设计相结合，使产品兼具实用性和艺术性，提升了产品附加值。又如，文化旅游产业利用 VR、AR 等技术手段，为游客提供身临其境的文化体验，拓宽了旅游产品的内涵和外延。

互联网时代文化产业新业态的兴起，既是技术进步的必然结果，也是市场需求多元化、个性化的必然要求。这些新业态以数字技术为支撑，以创新创意为核心，重塑了文化产品的生产、传播和消费模式，为文化产业注入了新的活力。新业态的发展壮大，不仅推动了文化产业自身的结构调整和转型升级，更为经济社会发展提供了新的增长点和发展动力。

（二）新业态的核心特点

互联网时代下，文化产业正经历着深刻的变革，新业态的兴起为其发展注入了强大动力。新业态以技术创新为驱动力，以创意为核心要素，呈现鲜明的时代特征。在这一背景下，文化产业正从传统的生产方式向数字化、网络化、智能化转型，新的产业形态不断涌现。

技术的进步为文化产业新业态的发展提供了坚实基础。互联网、云计算、大数据等新一代信息技术的广泛应用，使得文化内容的生产、传播和消费方式发生了根本性变革。数字技术的运用，不仅极大地提高了文化产品的生产效率，还使得个性化定制、交互体验等创新形态成为可能。同时，网络平台的兴起打破了时空限制，为文化产品的传播和交易提供了广阔渠道。技术创新驱动下的新业态，正在重塑文化产业的价值链条和商业模式。

创意是文化产业新业态的灵魂。在互联网时代，创意已经成为文化产品的核心竞争力。无论是数字出版、网络视频，还是虚拟现实、游戏动漫，创意都是其立足之本。创意密集型的新业态，以其独特的内容和体验，吸引着广大用户。这些创意产品不仅满足了人们日益增长的精神文化需求，也为文化产业注入了新的活力。在新业态中，创意人才成为关键资源，创意企业成为行业主力军。正是由于创意的不断涌现，文化产业新业态才呈现勃勃生机。

文化产业新业态的发展，还体现出鲜明的融合特征。在互联网时代，文化与科技、金融、旅游等行业加速融合，衍生出众多跨界新业态。例如，“文化＋科技”催生了数字博物馆、智能导览等新形态；“文化＋金融”促进了版权交易、艺术品投资等新模式；“文化＋旅游”则带动了主题公园、文化旅游小镇等新业态。这些融合发展的新业态，不仅拓宽了文化产业的边界，也为其他行业注入了文化元素，实现了多方共赢。可以预见，随着产业融合的不断深化，更多创新业态将不断涌现。

二、创意设计与定制服务的发展

（一）创意设计在新业态中的角色与价值

在当前互联网背景下，创意设计已成为推动文化产业发展的关键驱动力。作为文化产业新业态形成与演进的核心要素，创意设计正日益展现出其独特的价值和作用。从本质上看，创意设计是一种将创意思维与设计实践相融合的活动，旨在通过新颖独特的设计方案，为文化产品注入创新元素，提升其艺术感染力和市场竞争力。在文化产业发展进程中，创意设计发挥着“创意源泉”和“价值引擎”的双重功能。

创意设计为文化产业持续输送创新思路和创意灵感。设计师基于对社会文化的敏锐洞察和前瞻性思考，不断捕捉时代发展的最新趋势，提炼出引领潮流的设计理念和美学风格。这些富有创造力的设计方案一经推出，便成为引领文化消费趋势的风向标，激发整个行业的创新活力。同时，优秀的创意设计作品也能唤起社会大众的文化共鸣，形成广泛的话题效应，带动相关文化产品的市场需求。

创意设计也是推动文化产品价值提升和产业升级的关键抓手。设计师通过巧妙的造型、色彩、材质等设计语言，赋予文化产品独特的审美特质和文化内涵，使其在同质化竞争中脱颖而出。精心设计的文化产品不仅能够满足消费者日益提升的审美需求，也能唤起人们对民族文化的情感共鸣，具有更高的附加值和溢价空间。这为文化企业实现品牌溢价、提升盈利水平提供了重要路径。

在实践中，创意设计还有力地推动了文化产业的细分化、精品化发展。各文化细分领域如动漫游戏、影视传媒、工艺美术等，都涌现出一批依托创意设计实现跨越式发展的优秀企业。这些企业以设计创新为核心竞争力，不断推出叫好又叫座的“爆款”产品，引领行业发展潮流。这充分说明，在文化产业愈发注重内容创意和精品打造的背景下，创意设计对于塑造产品核心价值、提升品牌溢价能力的重要意义。

创意设计已经成为当前互联网背景下文化产业发展不可或缺的重要推动力。文化企业要立足创意设计，不断提升产品的文化内涵和审美价值，推动产业向精品化、高附加值方向升级。与此同时，社会各界也要形成合力，为创意设计插上腾飞的翅膀。在创意设计与文化产业的良性互动中，我们必将开创文化产业发展的崭新局面。

（二）定制服务

在互联网时代，个性化和定制化已经成为一种不可逆转的消费趋势。人们不再满足于大规模生产的标准化产品，而是渴望独特、专属、彰显个性的商品和服务。文化产业作为满足人们精神文化需求的重要载体，更需要顺应这一趋势，通过定制服务来满足消费者日益多元化、个性化的需求。

定制服务在文化产业中的应用十分广泛，涵盖了影视、音乐、出版、游戏、动漫等多个领域。以影视行业为例，传统的电影制作模式往往依靠导演的创意和投资方的判断，难以充分考虑观众的喜好。而定制电影则打破了这一局限，允许观众参与剧本创作、角色设定、拍摄过程等环节，最终呈现符合其偏好的个性化作品。类似地，在音乐行业，歌手可以根据粉丝的要求，创作专属歌曲，甚至邀请粉丝参与录制过程，以此增强粉丝黏性，提升音乐作品的传播度。

定制服务的核心在于以用户为中心，根据其特定需求提供量身打造的产品和服务。这就要求文化企业深入了解用户画像，准确把握其喜好、品位和消费习惯。大数据技术为企业提供了有力工具，通过收集、分析海量用户数据，可以精准刻画用户特征，预测其潜在需求。在此基础上，文化企业可以开发出针对性强、个性鲜明的定制化产品，以此吸引目标用户群体。

定制服务还意味着更高的参与度和互动性。用户不再是被动的文化消费者，而是主动参与文化产品的生产过程。这种参与不仅满足了用户的表达欲和创造欲，也为文化作品注入了新的活力和创意。众包模式就是一个典型的例子，企业将创意设计任务分发给众多用户，汇聚群体智慧，最终得到多样化的设计方案。这种模式不仅降低了企业的设计成本，也提高了设计作品的质量和用户接受度。

不过，推行定制服务也面临着一定的挑战。首先，定制服务对企业的生产模式和组织方式提出了更高要求。批量化生产依托于标准化的流程和专业化的分工，而定制化生产则需要更加灵活的生产方式和更加紧密的跨部门协作。这对企业的管理能力和资源整合能力提出了考验。其次，定制服务往往意味着更高的成本。为满足个性化需求，企业需要投入更多的人力、物力和财力，这可能会影响产品的价格，削弱其市场竞争力。因此，企业需要在成本和收益之间寻求平衡，合理定价，方能实现可持续发展。

定制服务还面临一定的创意瓶颈。当今消费者的需求瞬息万变，对新奇、独特的文化产品有着永无止境的渴求。这就要求文化企业具备持续不断的创新能力，不断推陈出新，以满足消费者“永不满足”的欲望。这对企业的创意人才队伍和创新机制提出了更高要求。

三、网络直播与短视频的兴起与影响

（一）网络直播

网络直播作为一种新兴的传播形式，正在深刻影响着人们的生活方式和文化消费习惯。它突破了传统媒体的时空限制，以互动性和即时性的特点，重塑了信息传播的生态。随着移动互联网技术的飞速发展和智能终端的广泛普及，网络直播已经成为一种不可忽视的文化现象和产业趋势。

从传播学的角度来看，网络直播的互动性体现在主播与观众之间的实时交流和互动。不同于传统的电视直播，网络直播打破了“一对多”的单向传播模式，实现了“多对多”的双向互动。观众不再是被动的信息接收者，而是可以通过弹幕、礼物等方式与主播实时互动，参与直播内容的生产和传播过程。这种互动性不仅增强了用户的参与感和黏性，也为主播提供了即时的反馈，有助于优化直播内容和形式。

网络直播的即时性则体现在信息传播的实时性和同步性。传统媒体受到版面、时段等因素的限制，信息传播存在一定的时间差。而网络直播可以实现信息的实时传播和同步呈现，无论是重大新闻事件，还是体育赛事、演唱会等活动，都可以通过直播平台第一时间传递给观众。这种即时性既满足了用户对信息的及时需求，也为直播平台吸引流量、聚集人气提供了条件。

网络直播的互动性和即时性，正在重塑人们的社交方式和文化消费习惯。一方面，直播平台成为网民展示自我、交流互动的重要阵地。许多普通人通过直播分享自己的生活、才艺，实现了自我表达和社交需求。另一方面，直播也为文化产品的传播和消费提供了新的渠道。通过与文化产业的融合，网络直播催生出网络演唱会、直播卖货等新业态，拓展了文化消费的场景和方式。

（二）短视频

短视频作为一种新兴的传播形式，正在深刻影响着人们的文化消费方式和内容创作生态。它以碎片化的时间和创新性的内容完美结合，满足了现代人快节奏生活下的娱乐需求。短视频平台如抖音、快手等，凭借其独特的算法推荐和社交互动机制，迅速吸引了海量用户，成为新时代文化传播的重要阵地。

从内容创作的角度来看，短视频为普通用户提供了前所未有的表达空间和创作自由。借助手机等移动设备，人们可以随时随地记录生活、分享见闻，用镜头捕捉身边的点点滴滴。这种自由开放的创作环境极大地激发了用户的创造力，催生出形式多样、内容丰富的短视频作品。无论是幽默搞笑的段子、精致有趣的生活技巧，还是感人至深的情感故事，都能在短视频平台上找到自己的位置。这种“人人都是创作者”的生态，使得短视频成为展现草根力量、传递多元声音的重要载体。

短视频也对传统的内容生产模式提出了挑战。相较于电影、电视剧等传统文化产品，短视频创作的门槛更低、成本更小、周期更短。这意味着，内容创作者可以更灵活地把握市场动向，快速响应热点话题，不断推陈出新。一些优秀的短视频创作者甚至凭借其独特的创意和个人魅力，吸引了大量粉丝，成为新的意见领袖和文化偶像。这种“去中心化”的内容生产方式，使得文化传播更加民主、更加多元。

然而，短视频的兴起也带来了一些值得关注的问题。首先，在巨大的流量诱惑下，一些创作者可能过度追逐热点，制造低俗、媚俗的内容。其次，短视频的碎片化特性可能导致用户注意力的过度分散，难以形成深度思考。最后，算法推荐可能加剧“信息茧房”效应，限制了用户接触多元信息的可能性。对于这些问题，平台、创作者和用户都需要保持清醒的认识，共同营造健康良性的短视频生态。

从文化产业的角度来看，短视频正在催生出一系列新的商业模式和产业链条。一方面，短视频平台可以通过广告投放、电商导流等方式实现流量变现；另一方面，一些创作者也可以借助短视频积累人气，实现商业价值的转化。一些 MCN 机构更是专门从事短视频创作者的孵化和运营，为其提供专业的内容策划、营销推广等服务。

四、新业态与传统业态的融合与发展

（一）新旧业态融合的驱动力与路径

新业态与传统业态的融合发展是文化产业在互联网时代的必然趋势。新业态为传统文化产业注入了新的活力和创新动力。数字技术的广泛应用，使得文化内容的生产、传播和消费方式发生了革命性变革。大数据、云计算、人工智能等新技术为文化产品的个性化定制、精准推送提供了有力支撑，极大地拓展了文化消费的广度和深度。网络直播、短视频等新业态的兴起，打破了传统文化传播的时空限制，使得优秀文化内容能够实现更广泛的传播和共享。这些新业态的发展，为传统文化产业转型升级提供了新的思路和路径。

传统业态也在积极拥抱互联网，探索与新业态的融合之道。许多传统文化企业开始尝试“互联网＋”的转型路径，将线上线下渠道进行整合，实现优势互补、协同发展。比如，传统出版业引入数字出版、融媒体等新模式，利用大数据技术实现图书的精准营销和个性化推荐；传统演艺业尝试“演艺＋直播”的融合模式，通过网络直播平台扩大演出的受众范围和影响力。这些探索不仅延伸了传统文化产业的触角，也为其注入了新的发展动能。

然而，新旧业态的融合发展并非一帆风顺，其中存在着诸多挑战和困境。首先，不同业态之间在文化内涵、价值取向、运营模式等方面存在差异，如何在保持各自特色的基础上实现有机融合，是一个亟待解决的问题。其次，新业态的发展对传统文化企业的经营模式、组织架构、人才结构等提出了新的要求，传统企业如何加快转型步伐、提升创新能力，也是一个重大挑战。最后，在融合发展过程中，如何处理好经济效益与社会效益、商业价值与文化价值的关系，避免出现片面追逐商业利益而忽视文化内涵传承的倾向，也需要高度重视。

新旧业态融合发展是一个长期而复杂的过程，需要在实践中不断探索、完善。在这一过程中，我们既要看到机遇，也要直面挑战；既要鼓励创新，也要坚守底线；既要追求发展，也要注重内涵。只有在继承与创新中找到平衡，在融合与发展中实现共赢，才能推动文化产业实现高质量发展，为建设社会主义文化强国贡献力量。

（二）融合实践中的挑战与策略

新旧业态的融合发展是文化产业发展的必然趋势，也是实现文化产业高质量发展的内在要求。然而，在融合的过程中，文化企业往往面临着诸多挑战。这些挑战既有来自外部环境的，如市场需求的多变性、技术更迭的加速度等，也有源自内部管理的，如组织架构的适应性、人才培养的针对性等。如何应对这些挑战，实现新旧业态的深度融合与协同发展，已经成为摆在文化企业面前的一道紧迫课题。

系统梳理融合发展的驱动因素是文化企业制定融合策略的基础。一般而言，技术进步、市场需求、政策导向是推动文化产业新旧业态融合发展的三大驱动力。首先，以数字技术、人工智能为代表的新一代信息技术的迅猛发展，为文化产业插上了腾飞的翅膀。这些技术不仅极大地拓展了文化生产的手段和渠道，更催生了网络文学、数字音乐、虚拟现实等一系列新型文化业态。与此同时，人们文化消费需求的升级转型也在推动行业变革。在“互联网＋”时代，用户不再满足单向的内容输出，而是期待更加个性化、互动化、沉浸式的文化体验。这就要求文化企业主动适应市场变化，加快业态创新和模式创新的步伐。国家出台的一系列支持政策，如“十四五”规划纲要提出“推动文化产业高质量发展”等，也为新旧业态融合指明了发展方向。文化企业要紧跟政策导向，抢抓发展机遇，加速融合进程。

厘清新旧业态的优势互补关系是实现深度融合的关键。传统业态积淀了深厚的文化资源和品牌影响，而新兴业态擅长运用新技术、新模式满足细分市场需求。二者若能优势互补、相得益彰，定能迸发出更加强大的发展动能。以出版业为例，传统出版社在内容生产方面具有得天独厚的优势，拥有丰富的作者资源、编辑人才和品牌积累。但在数字化转型中，它们在渠道建设、平台运营、用户服务等方面却相对薄弱。这时，与在线阅读平台、自媒体等新型主体合作，借助其大数据分析、精准推送、互动社交等优势，就能实现优势资源的深度整合，撬动更大的发展空间。反之，新兴业态如网络文学平台虽然在流量聚集、粉丝运营方面有着独特优势，但在优质 IP 的开发和深度挖掘方面却难以与传统出版社媲美。通过与出版社联手，引入更多经典 IP 和优秀作者，网文平台方能实现内容矩阵的扩充提质，构筑起更加坚实的发展根基。

创新体制机制是破除融合发展障碍的有效举措。当下，不少文化企业在推进新旧业态融合的过程中，往往受到体制机制的束缚。一方面，传统业态在组织架构、管理流程等方面存在着路径依赖，难以适应新形势下的发展需要；另一方面，新兴业态在规范管理、团队建设等方面尚不成熟，缺乏健全的制度保障。这就需要文化企业围绕融合发展目标，从顶层设计入手，系统重构组织架构和管理体系。比如，可以打破条块分割，建立跨部门、跨业态的协同机制，促进资源共享和优势互补。又如，可以在人才引进、考核激励等方面制定差异化政策，调动各类人才的积极性和创造性。同时，还要加强制度建设，建立健全适应融合发展的规章制度，为融合发展营造良好的内部环境。唯有如此，才能破除融合发展的体制机制障碍，为新旧业态深度融合开辟广阔空间。

文化产业新旧业态的融合发展之路充满挑战，但也孕育着巨大机遇。文化企业要立足自身禀赋，主动顺应技术变革和消费升级大势，在梳理驱动因素、厘清优势互补关系的基础上，以体制机制创新为抓手，携手各方力量共建发展生态，破解融合发展难题，推动新旧业态深度融合、协同发展。

第三节　文化产业的互联网营销与品牌建设

一、互联网营销的优势分析

（一）目标市场的精准定位

在互联网时代，精准识别和捕捉目标消费者已成为文化产业发展的关键。互联网为文化企业提供了海量的用户数据和行为信息，为实现精准营销奠定了基础。通过大数据分析和用户画像技术，企业可以全面了解目标受众的人口统计学特征、兴趣爱好、消费习惯等，从而制定出更加个性化、有针对性的营销策略。

具体而言，文化企业可以利用互联网平台开展用户调研，通过在线问卷、访谈等方式直接获取目标消费者的反馈和建议，了解其真实需求和痛点。同时，企业还可以通过社交媒体监测用户的在线互动和讨论，捕捉热点话题和潮流趋势，洞察用户的情感倾向和价值取向。借助这些宝贵的一手数据，文化企业能够更加精准地描绘目标消费者的群体特征，并据此优化产品设计、内容生产和传播策略。

互联网还为实现精准广告投放提供了有力工具。文化企业可根据用户的浏览历史、搜索记录、地理位置等信息，利用程序化广告购买、重定向营销等技术，将营销信息精准推送给潜在的目标消费者。与传统的“枪打出头鸟”式营销相比，互联网精准广告能够最大限度地提升传播效率，减少无效曝光，充分发挥每一分营销预算的价值。

移动互联网的崛起为文化企业识别和触达目标消费者带来了新的机遇。随着智能手机的普及和移动应用的爆发式增长，用户在移动端产生了海量的行为数据，这为文化企业实现精细化运营提供了良好基础。通过 App 推送、LBS 定位、微信公众号等移动营销工具，文化企业可以实现与目标用户的点对点互动，提供个性化的产品推荐和服务体验，增强用户黏性和忠诚度。同时，借助移动支付、二维码扫描等便捷工具，企业可以引导用户完成线上购买和线下消费转化，打通线上线下营销渠道，实现全域精准运营。

在大数据时代，用户隐私保护已成为文化企业必须高度重视的问题。企业在收集和利用用户数据时，必须严格遵守法律法规和行业规范，尊重用户的知情权和选择权，确保数据安全和隐私保护。只有在合规、安全的前提下，文化企业才能真正释放大数据的潜力，实现基于用户洞察的精准营销。

（二）成本效益的高效比例

互联网时代下，文化产业的营销方式正经历着巨大的变革。相比传统营销，互联网营销以其精准、高效、低成本的优势，为文化企业开拓市场、提升品牌影响力提供了前所未有的机遇。互联网营销能够实现对目标消费者的精准定位。通过大数据分析技术，企业可以深入洞察消费者的行为习惯、偏好特征，进而制定有针对性的营销策略。这种“千人千面”式的个性化营销，不仅能够提高营销的精准度，更能增强消费者的互动体验和品牌黏性。与之相比，传统的大众媒体营销往往难以实现对细分受众的精确触达，导致大量营销资源的浪费。

互联网营销还能大幅降低营销成本，提高投资回报率。借助搜索引擎、社交媒体等在线平台，文化企业能够以更低的成本触达更广泛的受众。相较于电视、报纸等传统媒体动辄数十万上百万的广告费用，互联网营销的投入往往只是其零头。而且，互联网营销的效果更易于监测和优化。通过跟踪网站访问量、转化率等关键指标，企业可以实时调整营销策略，最大化投资回报。这种数据驱动的营销模式，大大提升了营销决策的科学性和精细化程度。

互联网营销为文化产品的创新传播提供了广阔空间。在互联网平台上，创意内容可以实现裂变式传播，迅速积聚流量和影响力。优质的文化产品通过网友自发分享、口碑相传，能够在短时间内引爆全网，达到事半功倍的营销效果。这种营销传播模式打破了传统媒体时代“从上到下”的单向传播局面，使得文化产品的传播更加立体化、多元化。

互联网营销在精准性、高效性、传播创新性等方面彰显出巨大优势，已成为驱动文化产业发展的重要引擎。然而，任何营销手段都不是目的，而是传递文化价值、服务大众生活的手段。文化企业唯有以优质内容为根本，与时俱进地创新营销模式，方能实现基业长青。在新时代的互联网大潮中，那些审时度势、融合创新的文化企业，必将开创更加璀璨的未来。

二、社交媒体营销的策略

（一）利用社交媒体建立品牌声誉

社交媒体作为互联网时代下的重要传播渠道之一，对于文化企业建立品牌声誉具有无可替代的作用。随着移动互联网的普及和智能终端的广泛应用，社交媒体已经成为人们获取信息、分享观点、参与互动的主要平台。文化企业要想在激烈的市场竞争中脱颖而出，必须充分利用社交媒体的优势，制定科学、有效的营销策略，提升品牌知名度和美誉度。

文化企业利用社交媒体建立品牌声誉，首先需要明确目标受众，了解其特点和需求。不同社交平台聚集的用户群体各不相同，如微博以年轻群体为主，微信更受中老年人欢迎，抖音吸引了大量青少年用户。文化企业应根据自身定位和产品特点，选择契合目标受众的社交平台，有针对性地开展营销活动。例如，一家面向年轻人的文创品牌，可以重点布局微博和抖音，通过有趣、创意的内容吸引粉丝关注和互动。

在明确目标平台后，文化企业要精心策划内容，提供有价值、有意义的信息。单纯的产品宣传和广告轰炸已经无法吸引用户眼球，社交媒体时代下，内容才是王道。文化企业可以通过分享行业动态、解读经典作品、讲述品牌故事等方式，为用户带来独特的文化体验和精神享受。同时，内容呈现的方式也要新颖多样，既可以发布文字和图片，也可以制作短视频、H5 等，提升传播效果。

与用户的互动和共创也是利用社交媒体建立品牌声誉的重要一环。文化企业要积极回应用户评论，及时解决他们的疑问和需求，拉近与粉丝的距离。在节假日或重大事件期间，企业还可以策划有奖互动活动，鼓励用户分享和传播，扩大品牌影响力。值得一提的是，一些创新的文化企业开始尝试与粉丝共同创作内容，如征集设计作品、共同编织品牌故事等，不仅提高了用户参与度，也为品牌注入了新的活力。

在利用社交媒体过程中，文化企业还要注重塑造鲜明的品牌个性和形象。品牌个性是企业独特魅力的体现，是吸引和沉淀粉丝的关键。文化企业可以通过设计独特的品牌标识、统一的视觉风格，以及个性化的语言表达，打造专属的品牌符号。同时，企业在社交媒体上的言行也要与品牌形象保持一致，做到诚信守约、积极正面，维护品牌声誉。

文化企业要重视社交媒体口碑的管理和维护。美誉度的建立离不开良好的用户口碑，而负面评价的出现则可能对品牌声誉造成巨大伤害。因此，企业要建立完善的舆情监测和应对机制，及时发现和化解可能出现的声誉危机。面对用户的不满和批评，企业应以开放、诚恳的态度予以回应，尽最大努力满足用户合理诉求。只有赢得了用户的尊重和信任，品牌声誉才能获得持久的保障。

（二）社交媒体营销中的用户互动与参与性提升

社交媒体营销已成为文化产业推广和品牌建设的重要途径。在互联网时代，文化企业如何有效利用社交平台，吸引更多用户参与、分享文化内容，增强用户黏性，已成为关乎其生存发展的关键议题。

用户互动是社交媒体营销的核心要素。文化企业需要充分认识到，社交平台的本质在于连接人与人，而非单向传播信息。因此，企业应积极创造机会，鼓励用户参与讨论、分享见解、贡献内容，使其成为品牌形象塑造的参与者和推动者。例如，电影制作公司可在社交媒体上发起“我最喜爱的电影桥段”话题讨论，邀请用户分享观影感受和拍摄花絮，引发广泛共鸣和互动。这不仅能增进用户对电影的理解和喜爱，还能扩大电影的影响力和口碑效应。

内容质量是吸引用户参与、提升互动水平的关键。在社交媒体上，低质、重复、无趣的内容很难引起用户兴趣，更难激发其分享和互动的欲望。因此，文化企业需要精心打造高质量、富有创意的社交媒体内容，以独特的视角、新颖的形式呈现文化产品的魅力。比如，一家博物馆可以制作文物“隔空对话”的短视频，用拟人化的方式展现不同时期文物的风格特征和历史渊源，激发用户的好奇心和探索欲。高质量的内容能够吸引用户主动分享和讨论，成为裂变式传播的助推器。

社交媒体互动还需要有策略、有节奏。过于频繁或缺乏规律的互动，容易造成用户审美疲劳和逆反心理。文化企业应根据受众特征和传播节奏，制定科学的互动策略，把握时间、频率和尺度。在重大节点或热点事件时，可通过话题讨论、在线活动等形式密集互动，在平常时期则以相对舒缓的节奏维系用户黏性。同时，企业还需关注用户的反馈和需求，及时调整互动方式和内容导向，提升用户的参与感和存在感。

引导用户成为内容的生产者和传播者，是提升社交媒体营销互动性的重要方式。文化企业可开展“微电影大赛”“文创产品设计征集”等活动，鼓励用户创作和分享与品牌相关的内容。一方面，这种用户生成内容（User－generated Content）能够极大丰富社交媒体内容的形式和视角；另一方面，用户在内容生产过程中建立起与品牌的情感联结，更容易成为品牌的忠实拥趸和有生力量。

社交媒体互动还需要人性化和情感化。单纯的说教式、广告式互动很难引起用户共鸣，反而容易引发反感。文化企业应根据平台特点和用户属性，设计贴近生活、富有情感温度的互动话题和方式。比如，一家图书出版社可以邀请用户分享“一本改变人生的书”，用阅读连接起人与人的情感纽带，在互动中唤起认同感和归属感。情感化的互动更能触动用户，激发其参与和分享的自发性。

社交媒体用户互动是一门需要持续学习和创新的科学。文化企业需要与时俱进，敏锐洞察互联网传播的新趋势、新特点，不断优化互动策略和方式。要让互动渗透到营销全过程，与内容生产、渠道选择、效果评估等环节紧密结合，形成闭环式、体系化的运营模式。同时，还需要重视数据分析和用户画像，从海量互动数据中提炼规律、发现机会，为决策提供支撑。唯有不断学习、勇于创新，方能在互联网时代激流中立于不败之地。

三、品牌形象塑造与传播途径

（一）创造独特品牌个性

塑造鲜明独特的品牌个性已成为企业在激烈的市场竞争中脱颖而出的关键要素。品牌个性是指消费者对品牌的整体感知和认知，它赋予品牌以生命力和灵魂，使之与众不同，令人难忘。对于文化企业来说，构建品牌个性尤为重要，因为文化产品承载着精神价值和情感内涵，需要与消费者建立深层次的情感连接。

文化企业要打造独特的品牌个性，需要深入洞察目标消费者的需求、价值观和生活方式。只有全面了解消费者，才能设计出契合其内心诉求的品牌形象。例如，一个定位高端、追求品质生活的消费群体，品牌个性就应突出优雅、精致、尊贵等特质；而面向追求个性、热爱潮流的年轻群体，品牌个性则应体现出活力、创新、敢于突破的气质。精准定位目标受众是塑造品牌个性的基石。

文化企业要挖掘自身的核心价值和独特资源，将其融入品牌个性的塑造中。每个文化企业都有自己的历史渊源、文化积淀和独到理念，这些都是构建差异化品牌个性的宝贵财富。例如，一家拥有悠久历史的传统文化企业，可以将其深厚的文化底蕴、历史情怀融入品牌个性，彰显出厚重、经典、值得信赖的特质；而一家致力于文化创新的新兴企业，则可以将创新精神、前瞻视角融入品牌个性，展现出勇于开拓、引领潮流的形象。唯有从自身优势出发，才能塑造真实可信的品牌个性。

文化企业要通过一致、连续的传播策略来强化品牌个性。品牌个性的塑造不是一蹴而就的，需要长期的积累和沉淀。因此，文化企业要制订系统的传播规划，确保在各种渠道、场景中传递一致的品牌形象和信息。无论是品牌标识、广告语、宣传片，还是产品设计、服务方式、体验环节，都要体现出与品牌个性相匹配的风格和调性。唯有持之以恒、坚持不懈，才能在消费者心中构建起清晰、稳固的品牌个性认知。

品牌个性还要与时俱进，紧跟时代潮流和消费趋势不断更新迭代。当代消费者的审美喜好和价值追求在不断变化，文化企业要时刻保持敏锐的洞察力和创新意识，根据市场反馈和消费者需求动态调整品牌个性。要在坚守品牌核心价值的基础上，融入新的时代元素，让品牌个性更加鲜活生动，引发消费者的共鸣。唯有不断与时俱进，才能保持品牌个性的生命力和影响力。

（二）利用互联网多样化传播渠道

互联网时代下，品牌营销已不再局限于传统的单一渠道，而是呈现多样化、多层次的发展趋势。随着网络技术的不断进步和移动设备的广泛普及，消费者接触品牌信息的途径日益丰富，这为文化企业开展品牌传播提供了前所未有的机遇。要充分利用互联网平台，打造与品牌定位相符的在线传播策略，需要企业深入洞察目标受众的需求特点，精准选择传播渠道，创新传播内容和形式，实现品牌价值的有效传递。

从渠道选择的角度来看，文化企业要立足自身品牌定位，甄别不同互联网平台的用户属性和传播特点，有的放矢地开展营销活动。例如，以年轻群体为主要受众的品牌，可以重点关注抖音、小红书等短视频社交平台，利用生动有趣的视频内容吸引用户关注；而以高净值人群为目标客户的高端品牌，则可以借助微信公众号、知乎等平台，通过高质量的文章和问答建立专业权威的品牌形象。同时，企业还应该根据不同产品线的特点，在垂直细分领域的网站、论坛等开展精准营销，触达利基市场受众。

在传播内容和形式上，文化企业要充分发挥互联网媒体的互动性和多样性优势，创新品牌叙事方式，提升受众的参与度和黏性。一方面，企业可以通过举办线上活动、发起话题讨论等方式，鼓励用户分享品牌体验，实现口碑传播；另一方面，企业要积极尝试沉浸式体验、AR/VR等新技术手段，为用户提供身临其境的品牌互动，增强品牌认知和好感度。企业还应该重视优质内容的生产和传播，通过精心策划的软文、H5页面、短视频等形式，深度挖掘品牌故事，传递品牌价值主张，引发用户共鸣。

在互联网环境下，品牌传播往往面临着信息过载和注意力分散的挑战。因此，文化企业要精准把握传播节奏和频次，避免过度营销引起用户反感。同时，企业还应该高度重视口碑管理，及时监测和应对负面舆情，维护品牌声誉。只有在传播过程中始终坚持以用户为中心，真诚对话、用心服务，才能赢得消费者的信任和支持，实现品牌价值的持续提升。

四、客户关系管理与忠诚度提升策略

（一）建立有效的客户关系管理系统

客户关系管理（CRM）是企业维系客户忠诚度、提升客户价值的关键举措。在文化产业中，构建有效的CRM系统尤为重要。这是因为，文化产品和服务往往具有较强的体验属性和情感属性，消费者的满意度和忠诚度在很大程度上取决于其主观感受和情感联结。因此，文化企业必须深入洞察消费者的需求偏好，提供个性化、精准化的产品和服务，方能赢得消费者的青睐和信赖。

CRM系统的核心是客户数据。文化企业要建立完善的客户信息收集渠道，全面记录和分析客户的基本信息、消费行为、偏好特征等。这不仅需要线下的问卷调查、焦点访谈等传统方式，更需要借助大数据技术，捕捉和挖掘客户在互联网上留下的海量数字足迹。通过数据整合和智能分析，企业可以精准刻画不同客户群体的画像，预测其潜在需求，为其量身定制个性化的营销方案和服务策略。

客户细分是CRM系统的重要组成部分。文化市场是一个高度细分的市场，不同年龄、性别、职业、收入、地域的消费者，其文化需求和消费特征差异显著。因此，文化企业必须在客户数据分析的基础上，依据一定的标准（如消费能力、忠诚度、生命周期等）对客户进行分类，制定差异化的客户关系管理策略。例如，对高价值客户提供专属服务和优惠，对潜力客户加大营销投入，对休眠客户采取唤醒措施等。只有实现“千人千面”的精细化运营，才能最大限度地挖掘和释放客户价值。

客户互动是CRM系统的重要功能。在互联网时代，客户不再是被动的信息接收者，而是主动的内容生产者和传播者。文化企业要充分利用社交媒体、在线社区等互动平台，与客户保持密切、持续的双向沟通。一方面，倾听客户的意见反馈，及时回应其诉求，提升其参与感和黏性；另一方面，鼓励客户分享其文化体验和感悟，利用客户口碑效应扩大品牌影响力。同时，还要注重线上线下互动渠道的无缝整合，为客户提供全场景、全链路的优质体验。

客户维系是CRM系统的落脚点。文化消费具有明显的社会属性，消费者往往希望通过文化产品和服务获得归属感和认同感。因此，文化企业要注重营造客户社群，促进客户之间的交流互动，增强其对品牌的情感联结。可以通过举办线下沙龙、粉丝见面会等活动，搭建客户交流平台；也可以运营线上俱乐部、兴趣小组等，培育客户亚文化。对于高价值客户，还可以提供更加个性化、专属化的关怀和福利，如定制化服务、优先体验权等，维系其忠诚度和终身价值。

CRM系统的建设和运营是一项系统工程，需要企业上下协同联动、多部门无缝配合。这不仅需要专业的技术团队搭建数据平台、开发应用系统，更需要全员树立“以客户为中心”的服务理念，将客户导向内化于组织文化和业务流程之中。只有形成“全员参与、全流程贯通、全渠道协同”的CRM生态，方能真正实现客户价值和企业价值的共赢。

（二）提升客户忠诚度的策略

在互联网时代，增强客户忠诚度已成为文化产业维系市场竞争力的关键。随着数字技术的迅猛发展，文化企业面临着前所未有的机遇和挑战。一方面，互联网为企业提供了更加便捷、高效的客户服务渠道；另一方面，信息的透明化和产品同质化也加剧了行业竞争，客户流失风险不断加大。在此背景下，文化企业必须创新思路，充分利用互联网工具和技术，采取切实有效的措施，巩固客户关系，提升客户忠诚度，方能在激烈的市场角逐中立于不败之地。

客户关系管理是提升客户忠诚度的重要基础。传统的客户关系管理主要依靠线下渠道，如电话、邮件、面对面沟通等，存在信息收集不全面、反馈不及时、个性化服务不足等问题。而互联网技术的应用为客户关系管理注入了新的活力。企业可以通过官方网站、移动App、社交媒体等在线平台，全方位、多角度地收集客户信息，深入洞察其需求偏好。同时，企业还可利用大数据分析技术，对海量的客户数据进行挖掘和处理，精准把握目标客户群体的消费行为和心理特征，为其提供更加个性化、人性化的产品和服务。互联网还能实现客户与企业之间的实时互动，客户的问题和反馈能够得到及时响应和解决，从而增强客户对企业的信任和依赖。

客户忠诚度的提升还有赖于优质的产品体验。在互联网时代，单纯依靠低价策略已难以赢得客户青睐，打造极致的产品体验才是制胜法宝。文化企业要立足客户需求，不断优化产品设计和功能，为客户创造更大的使用价值。同时，还要注重产品的差异化定位，用独特的创意和内容吸引客户目光，提升产品的辨识度和影响力。在确保产品品质的同时，文化企业还应重视售后服务，完善退换货机制，简化操作流程，最大限度地降低客户的购买风险和使用障碍。只有让客户真切感受到企业的专业、贴心和尊重，才能赢得其长期信赖和支持。

积分奖励等会员制度的运用也是提升客户忠诚度的有效手段。文化企业可结合自身业务特点，在互联网平台上推出灵活多样的积分奖励方案，激励客户多次购买和使用。例如，对于重度用户可给予更高的积分倍率，设置专属会员等级，提供定制化服务；对于新用户则可给予额外积分，鼓励其尽快完成首次消费。同时，企业还可定期举办积分兑换、抽奖等互动活动，调动用户参与热情。还可与其他平台开展积分通兑合作，扩大积分的使用场景和价值，吸引更多用户加入会员体系。会员制度的本质是以利益为纽带，构建企业与客户之间的长期合作关系。通过为客户创造更多实惠和便利，企业能够稳固客户基础，实现可持续发展。

参考文献

[1] 吴媛媛. 当代文化产业创新发展研究 [M]. 武汉：武汉大学出版社，2020.

[2] 宋晓明. 河北省文化产业创新发展与升级研究 [M]. 秦皇岛：燕山大学出版社，2020.

[3] 许立勇. 文化产业创新发展研究 艺术与科技融合的新视域、新变革、新路径 [M]. 北京：中国发展出版社，2021.

[4] 陈刚. 中国城市文化产业创新发展评估 [M]. 北京：中国社会科学出版社，2022.

[5] 王毅，廖卓娴. 湖南文化产业创新发展研究 [M]. 长春：吉林大学出版社，2020.

[6] 朱云鹃，张荣东. 中国文化产业创新发展研究报告 2018 [M]. 北京：经济科学出版社，2019.

[7] 傅守祥. 当代文化产业的发展机理与创新动能 [M]. 北京：中国社会科学出版社，2021.

[8] 宋松. 影视文化创意产业基本理论与创新发展研究 [M]. 北京：北京燕山出版社，2022.

[9] 陶朋. 新媒体视域下文化产业的发展与创新研究 [M]. 北京：中国原子能出版社，2022.

[10] 陈少峰，陈安娜. 互联网企业文化研究 [M]. 杭州：浙江工商大学出版社，2019.

[11] 李贵卿. 互联网时代中华优秀传统文化的传承与创新研究 [M]. 成都：四川大学出版社，2023.

[12] 张斌. 互联网＋语境下中国电视剧产业融合创新研究 [M]. 上海：上海交通大学出版社，2022.

[13] 王爽. 互联网与文化生产、推广和消费研究 [M]. 济南：山东人民出版社，2020.